W0039296

WO WIR STEHEN

Mehr Bäume.
Weniger CO_2.
www.cpi-print.de/umwelt

MIX
Papier aus verantwor-
tungsvollen Quellen
FSC® C083411

Ludwig Adamovich:
Wo wir stehen

Alle Rechte vorbehalten

© 2020 edition a, Wien
www.edition-a.at

Cover: Isabella Starowicz
Satz: Sophia Stemshorn

Gesetzt in der Premiera
Gedruckt in Deutschland

1 2 3 4 5 — 24 23 22 21 20

ISBN 978-3-99001-456-1

Ludwig Adamovich

WO WIR STEHEN

edition a

Inhalt

WAS IST ÖSTERREICH?

Österreich ist meine Heimat.

Als man im April 1945 das Wort »Österreich« wieder in den Mund nehmen durfte, war ich überglücklich. Ich war in einer Familie aufgewachsen, aus deren Wortschatz Österreich nie verschwunden war.

Österreich stand zum Zeitpunkt des Inkrafttretens des mit 15.05.1955 datierten Staatsvertrages unter der Souveränität der vier Besatzungsmächte. Erst an diesem Tag konnte Außenminister Leopold Figl vom Balkon des Belvedere aus verkünden:

»Österreich ist frei.«

Mit der Bestellung des Babenbergers Luitpold zum Markgrafen im Jahr 976 beginnt die Geschichte Österreichs, damals noch weit von einem selbstständigen Staatswesen entfernt. Die Erhebung der Babenberger Mark zum Herzogtum im Jahr 1156 war ein wichtiger Schritt in diese Richtung. Nach dem Erlöschen des Babenbergerischen Mannesstammes belehnte der nach langen Auseinandersetzungen 1291 zum römisch-deutschen Kaiser gewählte Rudolf von Habsburg seine Söhne mit den Herzogtümern Österreich und Steiermark. Damit wurde ein Herrschergeschlecht eingesetzt, das bis zum Oktober 1918 in Österreich regieren sollte.

Ein Kaisertum Österreich gab es allerdings erst, nachdem 1804 der römisch-deutsche Kaiser Franz I. auf dieses Amt verzichtet hatte. Wie viele andere war dies die Folge der zunehmenden Expansion der Macht von Napoleon. Dieser wurde zwar besiegt, und der Wiener Kongress 1815 verfolgte das Ziel, die alte Ordnung wiederherzustellen. Österreich wurde zur Präsidialmacht des Deutschen Bundes, der ein Staatenbund, aber kein Staat war.

Doch die alte Ordnung hatte bereits vor Napoleon zu bröckeln begonnen. Kaiser Josef II. stand für den aufgeklärten Absolutismus. Er setzte bedeutende, manchmal etwas unsensible Reformen und legte sich mit der mächtigen katholischen Kirche an. Dafür wurden die anderen christlichen Kirchen gefördert, die Juden nahezu gleichgestellt. Im Strafrecht und im Privatrecht gab es wegweisende Reformen. Demokratie war allerdings des Kaisers Sache nicht. Regiert wurde für das Volk, nicht durch das Volk.

Das »Metternich'sche« System war bestrebt, das Prinzip der Restauration konsequent zu realisieren. Bis zum Jahr 1848 ist dies auch im Großen und Ganzen gelungen. Allerdings erhoben oppositionelle Kräfte deutlich ihr Haupt. Führend war dabei die deutsche Studentenschaft. Dies ist festzuhalten, weil es in der weiteren Entwicklung eine wesentliche Rolle spielen wird.

Die Explosion fand im Jahr 1848 statt. Nicht nur im deutschen Raum, sondern vor allem auch in Frankreich und Italien. Zu mächtig war der Ruf nach *einem* deutschen Reich mit einer entsprechenden Zentralgewalt. Das Unternehmen scheiterte aus zwei Gründen. Zum einen waren die ausschließlich deutschen Souveräne nicht bereit, sich mit Österreich, einem Vielvölkerstaat, auf der gleichen Ebene zusammenzuschließen. Zum anderen lehnte der König von Preußen es entschieden ab, sich von einer parlamentarischen Versammlung zum Kaiser wählen zu lassen.

In Österreich gewann die »konstitutionelle Bewegung« vorerst an Boden. Es sah fast so aus, als hätte man »nachhaltige« legislative Maßnahmen getroffen. Das Bild änderte sich mit dem Thronverzicht des Kaisers Ferdinand I. und dem Antreten des jungen Kaisers Franz Joseph I. Es begann eine Epoche des »Neoabsolutismus«, doch konnte man von einzelnen Positionen nicht mehr zurück, insbesondere nicht vom Gleichheitsgrundsatz.

1859 trat das Kaisertum Österreich in eine kriegerische Auseinandersetzung ein, insbesondere mit Napoleon III. Die unterschwellig schon in der Zwischenzeit tätig gewesenen liberalen Kräfte konnten nun nicht mehr aufgehalten werden. Der Kaiser war gezwungen, legislative Konzessionen zu machen. 1866 kam es allerdings wieder zu einem Krieg, diesmal mit Preußen, der prompt verloren ging. Es blieb nun nichts Anderes übrig, als einen Kompromiss mit den liberalen und demokratischen Kräften herbeizuführen. Das Resultat war der österreichisch-ungarische Ausgleich von 1867, zugleich mit fünf Staatsgrundgesetzen. Damit war wenigstens vorläufig Ruhe mit dem unangenehmsten Partner hergestellt und in Gestalt der »Dezember-Verfassung« von 1867 eine konstitutionelle Monarchie mit der für diese Staatsform typischen Gewaltenteilung geschaffen worden.

Die Bedeutung dieser Dezember-Verfassung kann nicht überschätzt werden. Eines der fünf Staatsgrundgesetze, nämlich das Staatsgrundgesetz über die allgemeinen Rechte der Staatsbürger, bildet heute noch einen Bestandteil der österreichischen Verfassung. Aber auch viele andere noch bestehende Institutionen haben ihre Wurzeln in der Dezember-Verfassung. Sie hatte einen liberalen Grundton und war im Zusammenhalt mit weiteren, damals erlassenen Gesetzen deutlich antiklerikal, was zu heftigen Konflikten führte. Einzelne der in diesem Sinn erlassenen Gesetze sind heute noch in Kraft.

Nach der Erlassung der Dezember-Verfassung 1867 begann Schritt für Schritt auch die Entwicklung eines Parteiwesens in Österreich, parallel dazu entwickelte sich das Wahlrecht bis zum allgemeinen gleichen Wahlrecht im Jahr 1907. Es gab – vereinfacht ausgedrückt – drei Gruppierungen: die konservative, die sich mehr und mehr mit der christlich-sozialen verband, die sozialdemokratische und die deutsch-nationale. Man würde es sich zu einfach machen, wenn man heute bestehende politische Parteien als Nachfolger der erwähnten Gruppierungen bezeichnen wollte, obwohl dies für die sozialdemokratische Partei sicher noch am ehesten zutrifft.

Ein besonderes Problem stellte die deutsch-nationale Bewegung dar. Man kann sie nur verstehen, wenn man die vorhin dargestellte historische Entwicklung in Betracht zieht und die gescheiterten Bemühungen um ein einheitliches deutsches Reich beachtet. Der Krieg zwischen Österreich und Preußen von 1866 verschärfte die Gegensätze. Es gab deutsch-nationale Bewegungen, die durchaus treu gegenüber den Habsburgern waren, und solche, die ihr Heil ausschließlich in den Hohenzollern erblickten, die Preußen regierten. Zu ihren Parteigängern zählte auch Georg Schönerer, einer der ideologischen Väter Adolf Hitlers.

In der Zeit vor dem Ersten Weltkrieg war Österreich und vor allem Wien ein kulturelles Zentrum sondergleichen. Namen wie Gustav Mahler, Sigmund Freud, Gustav Klimt, Egon Schiele, Hugo von Hofmannsthal, Ludwig Wittgenstein, Arthur Schnitzler sind hier – ohne Anspruch auf Vollständigkeit – zu nennen. In ihrem Wirken spiegeln sich allerdings auch damals verbreitete und zu einem gewissen Grad noch heute bestehende unerfreuliche Tendenzen wie insbesondere der Antisemitismus.

Nach dem Ende des Ersten Weltkrieges traten alle Spannungen klar zutage, die schon vorher zu sehen gewesen waren, in ideologischer und nationaler Hinsicht. Die deutsch-nationale Bewegung, die schließlich in den Nationalsozialismus mündete, kann man nicht verstehen ohne die oben andeutungsweise dargestellte Vorgeschichte. Dabei spielt der Ausdruck »Reich« eine nicht unwichtige Rolle. Mit Beschluss vom 30.10.1918 erklärte sich die Republik Österreich zu einem Teil des Deutschen Reiches.

Zwar deklarierte die österreichische Bundesverfassung vom 01.10.1920:

»Österreich ist eine demokratische Republik. Ihr Recht geht vom Volk aus.« Aber von einer einheitlichen Vorstellung von den dieses Staatswesen tragenden Ideen konnte nicht die Rede sein. Insbesondere die Demokratie war nicht so solide verankert, dass sie gegenläufigen Strömungen standgehalten hätte. Darüber wird noch zu reden sein.

Die politische Landschaft von heute ist nicht die von 1920. Vor allem ist in Gestalt der Grünen eine neue und von neuen Ideen getragene Bewegung auf den Plan getreten. Das »Liberale Forum« versuchte, eine echte liberale Partei zu sein, ist aber nach anfänglichen Erfolgen auf Dauer gescheitert, obwohl es zeitweise eine recht gute Figur gemacht hat. An seine Stelle ist die politische Partei NEOS getreten, die zwar keine überwältigenden Erfolge zu verzeichnen hat, aber immerhin in vielen Vertretungskörpern, so auch im Nationalrat, ihre Sitze hat. Die stärkste politische Partei (ÖVP-Kurz) kann man nur mit einigen Abstrichen mit der seinerzeitigen christlich-sozialen Partei vergleichen. Am ehesten gleicht die heute sozialdemokratische Partei ihrer Vorgängerbewegung.

Die nationale Bewegung ist derzeit gespalten und die Zukunft wird zeigen, welche Linien sich hier entwickeln. Insbesondere im Hinblick auf das Ergebnis der Wiener Gemeinderatswahl im Oktober 2020.

Es gibt neuartige Bewegungen, die für eine radikale Durchführung der Demokratie in allen Lebensbereichen, meist auch für andere Ziele wie den Umweltschutz, eintreten und eine Art von außerparlamentarischer Opposition entwickeln. In ihren radikalsten Ausprägungen sind sie nicht weit von Anarchismus entfernt.

Die »Zivilgesellschaft« spielt eine große Rolle im öffentlichen Diskurs. Was immer man darunter verstehen will: Sicher ist, dass es sich um nicht in Form politischer Parteien organisierte Bewegungen handelt, die sich deutlich vom Staat absetzen und in der Regel im Interesse konkreter Themen staatliches Handeln kritisieren. Der Ausdruck »Zivilgesellschaft« ist nicht gesetzlich geschützt und soll es nach dem Selbstverständnis der »Mitglieder« auch nicht sein. Das hat zur Folge, dass jede Gruppe, welche Zusammensetzung und Zielsetzung auch immer, sich selbst zur »Zivilgesellschaft« ernennen kann und von dieser Möglichkeit auch reichlich Gebrauch macht.

So in etwa sieht die politische Landschaft der österreichischen Gegenwart aus. Doch mit welchen Herausforderungen sieht sie sich konfrontiert?

Die Versprechen von Wohlstand und Friede scheinen nicht mehr selbstverständlich zu sein. Politische

Turbulenzen auf der ganzen Welt gefährden Werte, die wir für unantastbar und selbstverständlich hielten.

Nicht zuletzt suchen die Menschen heute mehr denn je Halt in einer Gesellschaft, die sich vor ihren Augen radikal zu wandeln scheint. Morgen schon könnte nichts mehr so sein, wie sie es heute noch kannten – so zumindest scheinen viele Bürger zu empfinden. Die katholische Kirche, für lange Zeit spiritueller Anker und Ort der Sicherheit, ist in Flügelkämpfe verwickelt und verliert an Glaubwürdigkeit. Doch nach wie vor suchen Menschen nach Transzendenz und Spiritualität. Wohin wenden sie sich jetzt? Was füllt das Vakuum, das die Kirche hinterlässt?

In den nächsten Kapiteln werde ich die drängendsten Fragen der Gegenwart vor dem Spiegel österreichischer Geschichte und Politik analysieren und Vorschläge vorbringen, wie wir ihnen begegnen können. Diese Kapitel werden ein Bild davon zeichnen, wo wir heute stehen.

Die Auswirkungen der Corona-Pandemie werden uns dabei immer wieder begegnen.

Eines möchte ich hier schon vorausschicken: Was wir vor allem brauchen, ist Mut. Mut, kritisch über unsere Situation nachzudenken, Mut zur Veränderung. Und Mut, Utopien zu entwerfen. Daher ist das dritte Kapitel dieses Buches auch einer Utopie gewidmet, wie die Welt von morgen aussehen könnte, um mit all den globalen Problemen, die auf uns zukommen, fertig zu werden.

WIE GEFÄHRDET IST UNSERE DEMOKRATIE?

WARUM DEMOKRATIE ENTSTAND

Die erste Demokratie wurde von den Griechen im Stadtstaat Athen vor über zweitausend Jahren etabliert. Obwohl sie sich sehr stark von unserer heutigen, modernen Demokratie unterscheidet, war das Grundprinzip dasselbe: Die Macht ging vom athenischen Volk (dem »demos«) aus, freilich unter Ausschluss der Frauen und Sklaven. Besonders spannend wir es, wenn wir uns vor Augen führen, warum die alten Griechen überhaupt die Demokratie als Staatsform wählten. Sie taten das nicht, weil sie bereits wohlhabend und fortschrittlich waren. Ganz im Gegenteil. Demokratie war ihre Antwort auf die größte Krise ihrer Zeit.

Um 600 vor Christus befand sich Athen am Rande des Abgrunds. Misswirtschaft führte dazu, dass ein Großteil der Bauern in Schuldknechtschaft geriet. Sie produzierten nicht mehr genügend für die Adeligen, deren Felder sie benutzten. In der Folge mussten sie mit ihrer Freiheit bezahlen und wurden mehr oder weniger in die Sklaverei gezwungen. Die soziale Spannung wurde immer größer, das System drohte zu kippen. Das bemerkten auch die einflussreichen Athener. Daher beschlossen sie, den antiken Denker Solon, der großes Ansehen genoss, mit einem Umbau ihrer Staatsform zu beauftragen. Solon machte sich sofort ans Werk. Er erließ allen Bauern ihre Schulden und begrenzte den Besitz von Grund, damit ein Machtgleichgewicht gewahrt wurde. Er arbeitete eine erste Verfassung aus, also schriftliche Gesetze, die für jeden Athener einsehbar waren und die eine gemeinsame Gesetzesgrundlage boten. Nun konnte sich jeder Bürger auf die gleichen Gesetze berufen, was für eine gerechte Ausgangsposition sorgte. Seine größte Leistung war allerdings die Einführung der Demokratie. Die Idee war simpel. Wenn alle Bürger für Athen verantwortlich waren, so dachte Solon, würde niemand nur in eigenem Interesse handeln. Jeder bekam einen Teil der Verantwortung, niemand bekam die ganze. Athen war im gesamten Mittelmeerraum mit diesen Veränderungen absoluter Vorreiter. Und sie zahlten sich aus. Es begann der Aufstieg zu der dominierenden politischen Macht der damaligen Zeit. Zunächst besiegten die Athener das Heer der Perser, das damals mächtigste Volk der Welt. Danach begann für Jahrzehnte eine Zeit des Friedens, in der Athen zu dem Vorbild für Kunst und Kultur wurde, wie wir es heute kennen.

Was das mit der österreichischen Demokratie zu tun hat? Auch in Österreich, wie in vielen anderen Ländern Europas, war die Demokratie die Antwort auf eine große Krise. Es brauchte zwei Weltkriege, bis sie sich in ihrer heutigen Form etablieren konnte. Doch die Anstrengungen

schienen sich auszuzahlen. Lange sah es danach
aus, als wäre die Demokratie die Antwort auf alle
unserer Probleme.

Es ist erwiesen, dass Demokratien miteinander
kaum Krieg führen. Das gilt selbst für die USA,
die mächtigste Demokratie der Welt. Zwar hat
sie im 20. Jahrhundert zahlreiche Kriege geführt,
aber nie gegen eine andere Demokratie. Demokratie scheint ein gutes Mittel zu sein, um Frieden
zu gewährleisten. Auch der wirtschaftliche Aufschwung, den wir in Europa und den USA erlebt
haben, wurde von vielen Ökonomen auf die demokratischen Strukturen zurückgeführt. Wir müssen
nur einen Blick auf die Weltkarte werfen: Überall,
wo es zu humanitären Katastrophen und Kriegen
kommt, etwa in afrikanischen Staaten oder im
Nahen Osten, ist die Demokratie nicht besonders
stark ausgeprägt.

DEMOKRATIE ALS ALLHEILMITTEL?
Die Vorteile der Demokratie scheinen überwältigend.
Der amerikanische Politikwissenschaftler Francis Fukuyama ging in den 1990er-Jahren sogar so weit, in
seinem Buch »Das Ende der Geschichte« den Sieg der
Demokratie auszurufen. Die Geschichte, so Fukuyama, habe gezeigt, dass die liberale Demokratie mit
ihrem freien Markt allen anderen Staatsformen überlegen ist. Daher sei es nur eine Frage der Zeit, bis alle
Staaten der Welt demokratisch werden würden.

Fukuyama schrieb dieses Buch, als der Kalte Krieg gerade zu Ende gegangen war. Die Sowjetunion war in der Auflösung begriffen, China noch nicht die Großmacht, die sie heute ist, und tatsächlich sah es so aus, als würde uns nichts als Frieden und Wohlstand bevorstehen.

Es war ein klarer Trend erkennbar. Während im Jahr 1990 nur 46 Prozent aller Staaten weltweit eine Demokratie waren, zählten nur zehn Jahre später, im Jahr 2000, bereits 63 Prozent zu den demokratischen Staaten. Ein sagenhafter Aufstieg. Doch es sollte nicht so weitergehen.

In den vergangenen Jahren ist die Anzahl demokratischer Staaten bei rund sechzig Prozent stehen geblieben. Und nicht nur scheint sich die Demokratie nicht mehr weiter auszubreiten, sie scheint sich sogar zurückzubilden. Denn es gibt verschiedene Formen von Demokratie und einige funktionieren besser als andere.

Immer öfter laufen Demokratien Gefahr, von Populisten ausgehöhlt zu werden. Die Menschen können zwar noch zur Wahl gehen, doch ihre Entscheidungen werden in eine ganz bestimmte Richtung gelenkt. Sei es, weil die Medien gleichgeschaltet werden, oder, weil die Trennung zwischen Politik und Gerichtsbarkeit zunehmend aufgehoben wird, sodass Richter, die eigentlich unparteiisch sein sollten, eindeutig einer Partei zuzuordnen sind. Auch das konsequente Ignorieren von Grundrechten kann einer Demokratie langfristig schaden. Im zweiten Kapitel werde ich zeigen, wie zwei solcher Staaten, Polen und Ungarn, auch die Europäische Union vor große Probleme stellen.

Wie steht es nun um die Demokratie in Österreich? Laut dem Demokratieindex, der jedes Jahr von der britischen Zeitschrift *The Economist* herausgegeben wird, belegen wir im Jahr 2019 den 16. Platz. Ganz vorne liegen Norwegen, Island und Schweden. Auch noch vor uns gereiht sind Länder wie Deutschland, Kanada, Australien oder die Schweiz. Schlechter schneiden Spanien, Frankreich, Japan oder die USA ab. Während wir im Bereich »Wahlprozess und Pluralismus« sehr gute Werte erzielen, gibt es Abzüge in den Kategorien »Funktionsweise der Regierung« und »Politische Kultur«. Wie wir sehen werden, ist diese Beurteilung nicht grundlos. Denn unsere Demokratie ist durch den noch näher zu beschreibenden Populismus bedroht – dieser hat in den vergangenen Jahren die politische Kultur unseres Landes ziemlich beschädigt und war nicht zuletzt an der Sprengung der letzten schwarz-blauen Regierung maßgeblich beteiligt.

Der Aufstieg des Populismus ist nicht nur in Österreich, sondern im gesamten Westen eine große Gefahr für unsere Demokratie.

VERFASSUNG, RECHTSSTAAT UND DEMOKRATIE

»Österreich ist eine demokratische Republik. Ihr Recht geht vom Volk aus.«

So beginnt die österreichische Verfassung. Das demokratische Prinzip ist eines der grundlegenden Prinzipien der österreichischen Bundesverfassung, die nach ihrem Wortlaut nur durch Verfassungsgesetz mit anschließender Volksabstimmung des gesamten Bundesvolkes geändert werden dürfen. Es ist allerdings nicht das einzige derartige Prinzip: Dazu kommen das rechtsstaatliche, das republikanische, das liberale und das bundesstaatliche Prinzip. Diese Prinzipien müssen harmonisierend ausgelegt werden. Es ist nicht zulässig, das eine durch Hinweis auf ein anderes »wegzuinterpretieren«.

Man ist heute voll des Lobes über die Demokratie, die sich erst allmählich durchgesetzt hat. Gerne wird Winston Churchill mit dem Ausspruch zitiert, Demokratie sei die schlechteste Staatsform, ausgenommen alle anderen. Demokratie bedeutet in wörtlicher Übersetzung, dass das Volk herrscht, und zwar über sich selbst. Nun ist es nicht schwer zu sehen, dass eine solche Interpretation zu einem nicht handbaren Ergebnis führt. Daher gibt es verschiedene Formen, in denen die Demokratie sich artikulieren kann. Diese sind in der jeweiligen Staatsverfassung festgelegt.

Typisch für die Demokratie ist es, dass das Volk einen wesentlichen Anteil an der Willensbildung des

Staates hat, dass sie pluralistisch verstanden wird und dass dies in regelmäßigen Abständen durch freie Wahlen zum Ausdruck gebracht werden kann. Es ist ganz bezeichnend, dass alle Diktatoren oder Halbdiktatoren ihr Regime zwar für einen eingeschränkten Zeitraum als Demokratien begonnen haben, dann aber schrittweise zur Autokratie übergegangen sind. Die bestehenden Verfassungsbestimmungen über die Funktionsperiode werden entweder stufenweise verlängert oder ganz abgeschafft.

Einer der größten Theoretiker und Vorkämpfer für Demokratie war Hans Kelsen. Aber was schreibt er in der Vorbemerkung zu seiner bedeutsamen Schrift »Vom Wesen und Wert der Demokratie«:

»Demokratie ist das die Geister im 19. und 20. Jahrhundert fast allgemein beherrschende Schlagwort. Gerade darum aber verliert es – wie jedes Schlagwort – seinen festen Sinn. Weil man es – dem politischen Modezwang unterworfen – zu allen möglichen Zwecken und bei allen möglichen Anlässen benützen zu müssen glaubt, nimmt dieser missbrauchteste aller politischen Begriffe die verschiedensten, einander oft sehr widersprechenden Bedeutungen an, sofern ihm nicht die übliche Gedankenlosigkeit des vulgärpolitischen Sprachgebrauches zu einer keinen bestimmten Sinn mehr beanspruchenden, konventionellen Phrase degradiert.«

Das sind recht harte Worte des konsequenten Vorkämpfers der Demokratie und insbesondere des

Parlamentarismus. Die Formulierung ist vielleicht überspitzt, aber die politische Realität gibt dem Kritiker recht. Vor allem ist es ein gern geübter Brauch, Demokratie und Rechtsstaat zu vermengen, als ob es sich um die gleichen Prinzipien handelte. Ohne Zweifel gibt es Verbindungen. Vor allem zeigen bestimmte Grundrechte, wie insbesondere der Gleichheitsgrundsatz, die Freiheit der Meinungsäußerung und die persönliche Freiheit, deutliche Verbindungen mit dem demokratischen Prinzip. Die Freiheit des Eigentums aber hat mit Demokratie gar nichts zu tun, es sei denn, man wolle eine marxistische Grundrechtstheorie vertreten.

Bekanntlich gibt es zwei Typen der Demokratie, die direkte und die repräsentative. Die direkte Demokratie kann in verschiedenen Formen auftreten. Wesentlich ist, dass kein Organ zwischen dem Wähler und dem Gegenstand der Entscheidung steht. Im Falle der repräsentativen Demokratie wird hingegen ein Repräsentationsorgan gewählt, das seine Entscheidungen im Namen des Volkes trifft.

Das ist eine Fiktion. Dazu sagt Kelsen in seiner mehrfach zitierten Schrift:

»Allein diese offenkundige Fiktion, dazu bestimmt, die wirkliche und wesentliche Beeinträchtigung zu verschleiern, die das Freiheitsprinzip durch den Parlamentarismus erfährt, hat den Gegnern das Argument in die Hände gespielt, dass die Demokratie sich auf einer handgreiflichen Unwahrheit aufbaue.«

Kelsen jedoch betont, dass diese Fiktion eine exzessive Überspannung der demokratischen Idee in der politischen Wirklichkeit verhindert hat. Eine sehr bemerkenswerte Argumentation.

Jedenfalls zeigt sich deutlich, dass der Begriff »Demokratie« für jeden möglichen Unfug verwendet werden kann. Die Gewaltenteilung setzt der Demokratie Schranken. Daher kann behauptet werden, dass eine gewaltenteilende Verfassung dem demokratischen Prinzip widerspräche.

Repräsentative Demokratie ist nicht denkbar ohne Parlamentarismus. Die Republik Österreich ist eine repräsentative Demokratie mit direktdemokratischen Zügen. Die repräsentative Demokratie hat ein Glaubwürdigkeitsproblem, die direkte Demokratie ist anfällig für Populismus. Der direkten Demokratie sind durch die Bundesverfassung Grenzen gesetzt. Es gibt viele Bestrebungen zur Reduktion dieser Grenzen. Sie finden sich in Regierungserklärungen und sonstigen politischen Programmen, sind aber bisher nicht realisiert worden. Gegner sind die größeren politischen Parteien. Immer wieder wird ein Modell propagiert, das den Nationalrat zwingen soll, bei Vorliegen eines Volksbegehrens mit einer beträchtlichen Zahl von Unterzeichnern (die Zahlen variieren) ein dem Volksbegehren entsprechendes Gesetz zu erlassen oder das Volksbegehren selbst zum Gesetz zu erheben. Auf diese Weise kann eine Regelung durchgesetzt werden, die von der parlamentarischen Mehrheit nicht beschlossen würde.

EINE KURZE GESCHICHTE ÖSTERREICHISCHER POLITIK

Die wiedergeborene demokratische Republik Österreich stand 1945 vor dem gewaltigen Problem des Umgangs mit den ehemaligen Mitgliedern der NSDAP und ihrer Teilorganisationen. Wenn man die Unabhängigkeitserklärung vom 27.04.1945 liest, könnte man den Eindruck gewinnen, es hätte solche gar nicht gegeben. Wohl aber wurde in derselben Unabhängigkeitserklärung auf die Deklaration von Moskau 1943 verwiesen, die von der Verantwortung Österreichs für die Teilnahme am Krieg an der Seite Hitler-Deutschlands spricht. Dieses Österreich hat aber mit dem Inkrafttreten des »Anschlussgesetzes« vom 13.03.1938 zu bestehen aufgehört. Daher konnte die offizielle österreichische Politik von Österreich als dem Opfer des Nationalsozialismus sprechen. Juristisch war dies auch richtig, denn Hitler ist schon am 12.03.1938 in Österreich einmarschiert. Realistisch war diese »Opfertheorie« aber nicht. Denn Österreich war durch und durch von Nationalsozialisten unterwandert. Viele von ihnen waren 1945 wieder da. Dass ein gewisses Zusammengehörigkeitsgefühl wirkte, kann nicht überraschen. Auch nicht die bei vielen vorhandenen Überzeugungen, es werde ihnen Unrecht getan.

Bei den Nationalratswahlen 1949 trat ein »Wahl-verband der Unabhängigen« an. Dieser ging nach einigen inneren Differenzen in die FPÖ über. Erster Vorsitzender der FPÖ wurde Anton Reint-haller, der sich »Bundesminister außer Dienst« nannte. Das war er auch gewesen, zumindest für einen Tag, als Arthur Seyß-Inquart Bundeskanzler war.

In den letzten Jahrzehnten sind in anderen euro-päischen Staaten ähnliche Bewegungen aufgetreten, so in Frankreich, Belgien, Italien, Ungarn und zuletzt (durchaus erfolgreich) in Deutschland. Für alle diese Begegnungen hat sich der Begriff »populistisch« ein-gebürgert. Ich bin mit diesem Begriff nicht glücklich. Er ist einerseits verharmlosend, führt aber andrer-seits zum Eindruck, als wäre damit das gesamte We-sen der betreffenden Bewegung erfasst.

Die »populistischen« Bewegungen leisten (nicht immer) auch durchaus seriöse Arbeit, insbesondere in den Ländern und Gemeinden. Die FPÖ bekennt sich zur Demokratie. Da mir aber kein besserer Be-griff einfällt, folge ich dem Mainstream und schlie-ße mich der gängigen Terminologie an. Es gibt auch einen »Linkspopulismus« analog dem vom deutschen Philosophen Jürgen Habermas geprägten Ausdruck »Linksfaschismus«.

Warum ist Demokratie überhaupt so schützens-wert? Was macht Demokratie aus? Nicht alle Staaten, die sich als »Demokratie« bezeichnen, sind auch demokratisch. Das wichtigste Instrument einer Demokratie sind Wahlen. Diese Wahlen müssen frei sein. Es sollte verschiedene Parteien geben, die unterschiedliche Meinungen und Interessen vertreten. Dadurch entsteht Pluralismus und die Gefahr sinkt, von einer einzigen Macht kontrolliert zu werden. Staaten wie Russland oder China lassen zwar Wahlen zu, die Ergebnisse stehen aber meist schon im Vorhinein fest.

Gleichzeitig müssen die Menschen auch die Möglichkeit haben, an diesen Wahlen teilzunehmen. Die USA hat hierbei etwa noch starken Aufholbedarf. Besonders Menschen aus geringeren Einkommensschichten werden dort, oftmals gezielt, daran gehindert, wählen zu gehen. Der Bundesstaat North Carolina hat es seinen Einwohnern unmöglich gemacht, ihre Stimme vor dem Wahltag abzugeben. Wenn nun an einem Wochentag vormittags gewählt wird, können viele ärmere Menschen nicht wählen gehen, weil sie es sich nicht leisten können, die Arbeit zu versäumen. Menschen in dieser Form an der Abgabe ihrer Stimme zu hindern, ist ein demokratisches Defizit.

Aber eine Demokratie muss noch viel mehr können, als freie Wahlen zu ermöglichen. Sie zeichnet sich durch eine Vielzahl von Freiheiten aus: Meinungsfreiheit, Versammlungs- und Demonstrationsfreiheit, Glaubensfreiheit, Pressefreiheit, aber auch eine Vielzahl von Schutzmechanismen wie Minderheitenrechte oder Schutz vor Diskriminirung aufgrund von Herkunft oder Geschlecht. Damit soll der Pluralismus in einer Gesellschaft gestärkt werden. Denn eine Demokratie macht nur Sinn, wenn Menschen verschiedene Interessen und Meinungen äußern können. Dadurch entsteht eine Debatte, und im besten Fall können sich die Bürger und Politiker auf einen Kompromiss einigen. Das ist ein großer Vorteil, gleichzeitig aber ein großer Nachteil der Demokratie. Einerseits macht sie es möglich, dass jede Stimme gehört wird. Andererseits wird keine Partei völlig zufrieden mit dem Endergebnis sein, weil Demokratie Kompromisse verlangt. Das liegt in ihrer Natur.

WARUM DER POPULISMUS DIE GRÖSSTE GEFAHR FÜR UNSERE DEMOKRATIE IST

»Sie werden sich noch wundern, was alles möglich ist«, sagte FPÖ-Politiker Norbert Hofer im Zuge des Präsidentschaftswahlkampfes 2016, den er gegen Alexander van der Bellen nicht nur einmal, sondern nach der Wahlwiederholung zweimal verlor.

Diese Aussage kann man in zwei Richtungen interpretieren. Als Hinweis auf wichtige, bisher nicht genützte Kompetenzen des Bundespräsidenten oder aber als Drohung und je nach dem politischen Standort des Interpreten wird er sich der einen oder der anderen Deutung anschließen.

Überhaupt kann die Bedeutung der Sprache im politischen Diskurs gar nicht überschätzt werden.

Manche Ausdrücke wie etwa »Altparteien« konnte man schon in der Zwischenkriegszeit hören und lesen. Und so sieht sich die FPÖ in einem Dilemma: Sie blickt angesichts ihres Klientels nach hinten, man kann ihr aber nicht das Bemühen absprechen, eine moderne Partei zu sein. Auffallend ist allerdings die immer wieder geübte aggressive und vereinfachende Redeweise. Ebenso das Bestreben, die regierenden Institutionen gegen den wahren Willen des Volkes auszuspielen. Diese Vorgangsweise ist keineswegs neu. Sie ist schon in der Zwischenkriegszeit geübt worden, und zwar auch von einer so seriösen Persönlichkeit wie Ignaz Seipel.

Populisten fördern eine radikale Trennung in »wir« und »die anderen«. Die anderen sind dabei meist Menschen mit Migrationshintergrund, ganz egal wie lange sie schon in Österreich leben. Auch ein Elitenhass gegen Menschen aus anderen Einkommensschichten macht sich breit. Dabei gibt es einen großen Unterschied zwischen reflektierter Kritik an einzelnen Umständen, etwa Probleme in der Integration oder die herrschende Ungleichheit, und der Verurteilung von Menschen aufgrund ihrer Herkunft oder ihres Einkommens. Populisten versuchen, Spaltung zu erzeugen und dann ihre Wähler über deren Angst und Wut zu manipulieren. Auch die EU muss oft als Feindbild herhalten. Politische Entscheidungen, die bei den Bürgern nicht gut ankommen, werden gerne auf »die in Brüssel« geschoben.

Eine weitere Spezialität populistischer Parteien ist es, komplexe Vorgänge bis zur Unkenntlichkeit zu vereinfachen. Statt konstruktiv über die Probleme und Chancen von Integration und Migration zu verhandeln, heißt es dann bloß »Schnitzel statt Döner«. Es gibt einen Satz von Alexis de Tocqueville, französischer Historiker und erster Politikwissenschaftler aus dem 19. Jahrhundert, der mich sehr beeindruckt hat: »Eine Idee, die richtig, aber kompliziert ist, wird sich nicht durchsetzen gegen eine Idee, die falsch ist, aber einfach klingt.«

VON JÖRG HAIDER ZU HERBERT KICKL – EINE KURZE GESCHICHTE DES ÖSTERREICHISCHEN POPULISMUS

Der Vergleich zwischen der ersten blauen Regierungsbeteiligung unter Wolfgang Schüssel mit der zweiten unter Sebastian Kurz macht sichtbar, wie sich die FPÖ in dieser Zeit verändert hat. Jörg Haider, der den Populismus in Europa salonfähig gemacht hat, war nicht so konsequent darin wie Herbert Kickl.

Haider war ein großartiger Rhetoriker, das wissen seine Freunde wie seine Feinde. Aber er schwankte ständig zwischen den Extremen, zwischen Radikalismus und Konzilianz. Trotz einiger verbaler Entgleisungen übertrat er die rote Linie nur selten – und wenn, dann zog er gleich darauf wieder zurück. Sein Umgang mit der Judikatur des Verfassungsgerichtshofes zum Thema der zweisprachigen topografischen Aufschriften in Kärnten nimmt ihm den Nimbus des großen Staatsmannes. Jedem ist es erlaubt, Entscheidungen von Gerichten zu kritisieren, wobei ein Staatsorgan im Hinblick auf seine Funktion sich eine größere Beschränkung auferlegen muss als ein Privater. Es geht vor allem um die Methoden, die dabei angewendet werden und diese sind im Falle der erwähnten Angelegenheit entschieden zu verurteilen. Er schreckte nicht vor persönlichen Angriffen auf die jeweils im Amt befindlichen Präsidenten des Verfassungsgerichtshofes zurück. Es ist immer wirksamer, wenn man eine Person angreift, als physisch nicht fassbare Entscheidungen zu kritisieren.

Bis zur Ibiza-Affäre schien die FPÖ ihre Lehren aus früheren Fehlern gezogen zu haben. Auf der einen Seite gab es Parteimitglieder wie Norbert Hofer, die besonnen und ruhig auftraten und beweisen sollten, dass die Partei regierungsfähig war. Doch besonders Herbert Kickl zeigte bald nach der Angelobung als Innenminister, in welche Richtung sich die FPÖ bewegt. Alle antidemokratischen und illiberalen Tendenzen, die es unter Haider gegeben haben mag, wurden nun konsequent und präzise vorangetrieben.

Bereits die Affäre rund um das Bundesamt für Verfassungsschutz und Terrorismusbekämpfung (BVT) führte zu einem massiven Vertrauensverlust. Der folgende Untersuchungsausschuss konnte keine völlige Klarheit schaffen, aber offenbar wurden vertrauliche Informationen des Geheimdienstes, unter anderem über rechtsextreme Aktivitäten in Österreich, weitergegeben. Wichtige Akten wurden zurückgehalten und zweifelhafte Personalentscheidungen getroffen. Die Sicherheitsdienste anderer Länder beschränkten die Zusammenarbeit mit Österreich auf ein Minimum. Ob nun politisches Kalkül oder Unvermögen schuld an diesem Chaos war, konnte auch der diesbezügliche Untersuchungsausschuss nicht restlos klären.

Medien, die sich kritisch mit dem Innenministerium auseinandersetzen, sollten möglichst wenige Informationen erhalten, und somit wurde die Arbeit der Journalisten erschwert. Als er von allen Seiten wegen seiner Pläne zur Verschärfung der Asylgesetze kritisiert wurde, meinte Kickl: »Das Recht hat der Politik zu folgen, nicht die Politik dem Recht.« Vom Wortlaut her ist dieser Satz vollkommen indiskutabel, weil er die Beziehung zwischen Recht und Politik auf den Kopf stellt. Natürlich sind die Akte des Gesetzgebers politische Akte. Sie sind aber Gesetz geworden, so binden sie die Politik, und wenn ein Akt des Gesetzgebers sich als ungeeignet herausstellt, ist die Politik aufgerufen, ihn zu ändern. Eine Gesetzesinterpretation, die sich an mittlerweile geänderten politischen Vorstellungen oder Machtverhältnissen orientiert, ist unzulässig. Dabei ist freilich davon auszugehen,

dass der Gesetzgeber seine Verantwortung wahr-
nimmt und auf Änderungen in der politischen
Realität rechtzeitig reagiert.

Auch an der Europäischen Menschenrechtskonvention (EMRK) ließ Kickl kein gutes Haar. Besonders die daraus abzuleitenden Regelungen für
Asyl waren ihm ein Dorn im Auge. Diese seien in
einer anderen Zeit entstanden, meinte Kickl, und
müssten überdacht werden. Einmal mehr machte
es nicht den Anschein, als wäre er wirklich daran
interessiert, sich konstruktiv für gerechtere und
verbesserte Menschenrechte einzusetzen, sondern
als würde er sie nur für eigene Zwecke ignorieren
wollen.

In seiner kurzen Amtszeit als Innenminister schaffte es Herbert Kickl also, gleich mehrere
wichtige Errungenschaften einer liberalen Grund-
rechtsdemokratie zu kritisieren und zu bedrohen,
etwa die Pressefreiheit, die Menschenrechte, den
Rechtsschutz und das Vertrauen in Institutionen.
Der Angriff auf die EMRK wiegt besonders schwer,
weil diese seit ihrer Erhebung in den Verfassungsrang (1958/1964) den Ersatz für den immer noch
nicht zustande gekommenen neuen österreichischen Grundrechtskatalog darstellt. Die in der
EMRK garantierten Rechte wendet der VfGH unmittelbar an.

Ein einfaches Rezept gegen Populismus gibt es
nicht. Die meisten Analysen liegen auch falsch dar-

in, wenn sie ein Mittel suchen, um Populismus völlig zu beseitigen. Das ist in einer Demokratie nicht möglich. In einer pluralistischen Demokratie kämpfen Parteien um Wählerstimmen und sind in diesem Wettbewerb oft genötigt, Inhalte verkürzt oder überspitzt wiederzugeben. Gefährlich wird es, wenn der Populismus die gesamte politische Kultur zerstört und jede konstruktive Diskussion verhindert. Dafür müssen aber auch wir Bürger lernen, Populismus zu erkennen, ihn zu kritisieren und von den Politikern richtige Antworten und Lösungsvorschläge statt leerer Parolen einfordern.

Auch mit den Forderungen nach mehr direkter Demokratie müssen wir vorsichtig sein. Die Vergangenheit hat gezeigt, dass sich auf diesem Wege eine Demokratie schließlich selbst abschaffen kann.

WIE SICH EINE DEMOKRATIE SELBST ABSCHAFFT

Die Demokratie war nicht nur der Grund für den Aufstieg Athens zu einer antiken Weltmacht, sie war auch der Grund für ihren Untergang. Und eine entscheidende Rolle spielte dabei die Form der direkten Demokratie.

Die Athener führten zwischen 430 und 400 vor Christus einen langen und erschöpfenden Krieg mit Sparta, der anderen Großmacht Griechenlands. Durch einen Sieg erhofften sich die Athener die Alleinherrschaft über die Region. Für manche

Historiker gilt hierbei die Schlacht bei den Arginusen, eine Inselgruppe vor der heutigen Türkei, als Wendepunkt des Krieges. Es war die größte Seeschlacht, die jemals von den Athenern ausgefochten wurde. Mit ungefähr 140 Schiffen zogen sie gegen ihre Feinde. Und trotz großer Verluste konnten sie die Schlacht für sich entscheiden. Das Blatt schien sich also zugunsten der Athener zu wenden. Als die Kämpfe schließlich zu Ende gegangen waren, hätten die athenischen Strategen die Schiffbrüchigen sowie tote Soldaten bergen müssen. Doch ein schweres Unwetter zog auf. Die Strategen entschieden, nicht noch mehr Männer zu riskieren, und segelten zurück nach Athen.

Nun kommt die gefährliche Seite der direkten Demokratie zum Vorschein. Die Bürger Athens waren aufgebracht, dass die Toten nicht geborgen und die Schiffbrüchigen nicht gerettet worden waren. Einige Demagogen witterten ihre Chance, einen Machtwechsel herbeizuführen. Sie stellten den Antrag, alle überlebenden Strategen der Schlacht zum Tode zu verurteilen. Einige besonnene Köpfe, darunter der berühmte Philosoph Sokrates, versuchten, mit rationalen Argumenten dagegen zu argumentieren. So hätte ein Rettungsversuch bei dem Unwetter vermutlich noch viel mehr Opfer gefordert. Außerdem sei es militärischer Selbstmord, während eines Krieges fast alle eigenen Strategen zu töten.

Doch die Demagogen hatten kein Interesse an einer rationalen Diskussion. Sie setzten auf die Gefühle der aufgebrachten Athener und versprachen eine rasche und schnelle Lösung. Eines ihrer Argumente, so ist vom Historiker Xenophon überliefert, war: »Es sei doch schlimm, wenn das Volk nicht tun könne, was es wolle.« Dabei war das demokratische System Athens bei Weitem nicht so gut ausgebaut wie unseres heute. Damals zählte vor allem, die stimmberechtigte Mehrheit auf seine Seite zu ziehen.

In einer repräsentativen Demokratie müssen Entscheidungen erst verschiedene Prozesse durchlaufen, die sie vor der wandelbaren Stimmung der Bevölkerung schützt. Ansonsten könnte uns das passieren, was den Athenern passierte. Ihre Strategen wurden hingerichtet und das Volk war zufrieden gestellt worden. Nur hielt diese Zufriedenheit nicht besonders lange, denn schon bald wurde klar, welchen schrecklichen Schaden sich die Athener selbst zugefügt hatten. Ihre besten Strategen waren allesamt tot. Nur zwei Jahre später war der Krieg verloren und die attische Demokratie für immer vorbei.

Direkte Demokratie kann dazu führen, dass nur noch um die Stimmen der Bürger gekämpft wird, ohne sich auf rationale Diskussionen oder Argumente zu besinnen. Politische Debatten würden von den Personen gewonnen, die am lautesten rufen. Und auf lange Sicht würde sich die Demokratie selbst abschaffen.

Das bedeutet freilich nicht, dass Bürger nicht mehr politische Verantwortung bekommen sollten. Doch das muss vorsichtig und durchdacht geschehen. Etwa, indem sie bereits früh an politische Entscheidungsprozesse gewöhnt werden. Nichts ist für eine Demokratie so wichtig wie mündige Bürger. Dennoch kommt dieses so wichtige Thema in Schulen viel zu kurz. Nur die wenigsten jungen Menschen wissen heute noch, wer Kurt Schuschnigg war. Und selbst der Name Bruno Kreisky gerät langsam in Vergessenheit.

Dabei ist es wichtig, dass junge Menschen die Geschichte der österreichischen Politik kennenlernen, um heutige Prozesse besser verstehen zu können. Auch historische Entwicklungen in den USA, Frankreich oder England sind wichtig, um zu erklären, wie wir überhaupt zu der modernen Demokratie kommen, in der wir heute leben dürfen.

Zudem bietet eine Auseinandersetzung mit Politik innerhalb der Schule eine Chance für Kinder und Jugendliche, Perspektiven und Ideen zu hören, die zuhause nicht zur Sprache kommen. Bisher findet Politisierung oft am Esstisch statt, wenn sich Eltern unterhalten. Kinder hören zu und übernehmen nur zu oft die Meinung ihrer Eltern, die schließlich auch eine Vorbildwirkung haben. Doch gerade in einer Demokratie ist es wichtig, dass Menschen sich selbst kritisch ein Bild von der politischen Landschaft machen. Das schließt nicht aus, dass Kinder letztlich genau dasselbe wählen wie ihre Eltern. Doch dann wird es ihre eigene Entscheidung sein.

Um das zu gewährleisten, muss politische Bildung so wertneutral wie möglich vermittelt werden und nach einem seriösen Schulbuch, nicht nach einem Parteibuch gelehrt werden. Ich bin jedoch sicher, dass dafür eine Möglichkeit gefunden werden kann. Allerdings muss die Bildung endlich aufhören, als Schlachtfeld für Personalpolitik missbraucht zu werden, und von echten Experten gestaltet werden. In den zurückliegenden Jahrzehnten wurde das verabsäumt. Dabei ist jede Demokratie nur so stark wie die Bürgerinnen und Bürger, die in ihr wählen. Und die Ausbildung ihres demokratischen und politischen Verständnisses beginnt bereits in den Klassenzimmern.

DIE ROLLE DES RECHTSSTAATES IN DER KRISENGESCHÜTTELTEN GESELLSCHAFT

Wie schon mehrfach betont, gehört das rechtsstaatliche Prinzip zu den leitenden Prinzipien des österreichischen Bundesverfassungsrechts. Es ist nicht in der Form einer Deklamation festgehalten. Es ergibt sich vielmehr aus der Zusammenschau einer Anzahl von Bestimmungen der Verfassung. Die wichtigste findet sich in Art. 18 Abs. 1 B-VG, wonach die gesamte staatliche Verwaltung nur aufgrund der Gesetze ausgeübt werden darf. Nach der ständigen Judikatur des Verfassungsgerichtshofes bedeutet das, dass Gesetze nicht eine bloß formale Ermächtigung an die Vollziehung enthalten dürfen, sondern, dass das Verhalten der Vollziehung jedenfalls in den wesentlichen Punkten aufgrund der gesetzlichen Regelung voraussehbar sein muss.

Gemäß Art. 18 Abs. 2 B-VG darf jede Verwaltungsbehörde aufgrund der Gesetze innerhalb ihres Wirkungsbereiches Verordnungen erlassen. Verordnungen sind generelle Normen, also Regelungen, die sich nicht nur auf einen Einzelfall beziehen, sondern materiell wie Gesetze gestaltet sind. Verordnungen unterliegen nach den näheren Bestimmungen der Bundesverfassung der Überprüfung durch den Verfassungsgerichtshof. Sie sind insofern eine sensible Institution, als sie das Prinzip der Gewaltentrennung durchbrechen und daher mit besonderer Vorsicht gehandhabt werden müssen. Vom Verordnungsrecht wird vor allem für Maßnahmen von örtlich eingeschränktem Geltungsbereich Gebrauch gemacht werden, aber auch dann, wenn die Regelung des Gesetzgebers zu spät käme. Dabei stellt sich immer wieder die Frage, ob die Verordnung noch eine ausreichende gesetzliche Grundlage hat. Formalgesetzliche Ermächtigungen, die den wesentlichen Inhalt nicht vorherbestimmen, sind unzulässig.

Als die Pandemie ausbrach, lag als gesetzliche Regelung nur das alte Epidemiegesetz vor, das den Anforderungen der bestehenden Situation keineswegs genügte. Es wurde daher daneben ein eigenes Bundesgesetz zur Bekämpfung der Covid-Pandemie erlassen. Das Epidemiegesetz wurde novelliert.

Die vorgesehenen Maßnahmen griffen – zum Teil sehr tief – in grundrechtliche Positionen ein. Bei den sich ergebenden Reaktionen konnte man den Eindruck gewinnen, als wäre der grundrechtliche Schutz überhaupt zur Gänze eliminiert. Dazu ist zu sagen, dass die als Grundrechte zu wertenden, im Verfassungsrang stehenden Bestimmungen fast durchwegs einen sogenannten »Gesetzesvorbehalt« haben. Das ist eine Ermächtigung an den Gesetzgeber, unter bestimmten Voraussetzungen in das Grundrecht einzugreifen. Solche Gesetzesvorbehalte enthalten sowohl das Staatsgrundgesetz über die allgemeinen Rechte der Staatsbürger als auch die Europäischen Menschenrechtskonventionen. Was aber die beiden Regelungstypen voneinander unterscheidet, ist der Umstand, dass die Gesetzesvorbehalte der EMRK inhaltlich determiniert sind: Es muss sich um eine auf Gesetz beruhende Maßnahme handeln, die im Interesse von ausdrücklich in der Ermächtigung aufgezählten Rechtsgütern getroffen wird. Es muss also eine Abwägung zwischen dem primär geschützten Rechtsgut und anderen hochwertigen Rechtsgütern getroffen werden. Dabei ist das Prinzip der Verhältnismäßigkeit zu beachten. Die Judikatur sowohl des Europäischen Gerichtshofes für Menschenrechte als auch des Verfassungsgerichtshofes geht in diese Richtung.

Eine große Zahl von Verordnungen ist im Zusammenhang mit der Pandemie getroffen worden, sodass der Rechtslehrer Alfred J. Noll von einem »Verordnungsstaat« sprechen konnte.

Eine Fülle von Anträgen ergoss sich über den Verfassungsgerichtshof. Es gibt einen »leading case«, der Beschränkungen des Verlassens von Räumen vorsieht. Der Verfassungsgerichtshof hat die betreffende Regelung mangels gesetzlicher Grundlage zwar als verfassungswidrig aufgehoben, gleichzeitig aber zum Ausdruck gebracht, dass er solche Beschränkungen nicht aus Prinzip für unzulässig hält.

BEDROHT CORONA UNSERE FREIHEIT?

Bis Februar 2020 schien der Populismus die größte Gefahr für unsere Demokratie zu sein. Dann kam Corona. Und damit der größte Einschnitt in unser Privatleben seit Gründung der Zweiten Republik.

Doch wie schlimm ist es wirklich? Schränken die Corona-Maßnahmen unsere Freiheiten zu sehr ein? Befinden wir uns auf dem Weg zu einem Kontrollstaat?

Diese Befürchtungen bringt ein Plakat zum Ausdruck, das ich kurz nach dem Ausbruch der Corona-

Pandemie in der Stadt entdeckt habe: »Der ärgste Virus ist der blinde Gehorsam.« Tatsächlich scheint sich die Stimmung im Land immer stärker zu wandeln. Zu Beginn der Maßnahmen waren viele Menschen froh über die schnellen Entscheidungen der Regierung, und ganz Europa lobte Österreich für das konsequente und rasche Handeln.

Doch mittlerweile regt sich immer stärkerer Widerstand gegen die Corona-Maßnahmen. Gesetze wurden als rechtswidrig eingestuft, Demonstrationen von Corona-Leugnern ziehen durch die Straßen und selbst jenen, die eine Gefahr durch Corona nicht bestreiten, gehen die Restriktionen der Regierung zu weit. Diese Leute sehen ihre Grundrechte bedroht und bezweifeln überhaupt die Sinnhaftigkeit der getroffenen Maßnahmen.

Ob diese Maßnahmen zweckmäßig und sinnvoll sind, ist eine medizinische Frage. Der Jurist und der Gesetzgeber müssen sich auf die vorgelegten naturwissenschaftlichen Behauptungen (die mitunter divergieren) verlassen können.

Im Laufe der nächsten Kapitel möchte ich versuchen, Ihnen zu zeigen, dass Freiheit in einer Demokratie nie absolut sein kann und dass Grundrechte genauso notwendig wie kompliziert sind. Und dass wir auch in einer komplizierten Situation, wie wir sie heute vorfinden, keine Angst zu haben brauchen, plötzlich in einem totalitären Überwachungsstaat aufzuwachen.

Lassen Sie mich zunächst eine Sache klarstellen: Ich bin kein Virologe. Ich weiß nicht, ob es andere Möglichkeiten gegeben hätte oder bessere Maßnahmen gegen das Virus. Wenn wir uns die nüchternen Fakten vor Augen führen, dann haben die Maßnahmen während der ersten Welle im Vergleich mit anderen Ländern gut gewirkt.

Doch nach den Lockerungen der letzten Monate schießen die Zahlen wieder in die Höhe und die Sorgen um einen zweiten Lockdown sind groß. Denn selbst die wirtschaftlichen Folgen des ersten Shutdowns können wir noch gar nicht völlig erfassen.

Für mich ist vor allem die rechtliche Dimension dieser Krise von Bedeutung. Anti-Corona-Maßnahmen haben uns einen Teil unserer persönlichen Freiheit genommen. Geschäfte mussten schließen, viele Orte konnten nicht mehr betreten werden und Menschen waren sich nicht sicher, wo sie sich nun aufhalten durften und wo nicht. Wir müssen plötzlich Masken tragen und Versammlungen werden beschränkt. Kritiker fürchten das Ende der Freiheit, und das mitten in einer gut funktionierenden europäischen Demokratie. Aus solchen Ängsten entstehen dann Plakate wie dieses: »Der ärgste Virus ist der blinde Gehorsam.«

Ein solcher Satz weckt höchst ambivalente Gefühle. Die Geister scheiden sich beim Wort »blind«. »Blinder« Gehorsam ist in der Tat abzulehnen. Das ist die Denkungsweise der totalitären Systeme. Ganz anders verhält es sich mit Gehorsam, der eine sachliche Grundlage hat. Dazu sind schon Bücher geschrieben worden.

Die Demokratie schafft mit all ihren Freiheitsrechten den größten Raum für individuelle und persönliche Freiheit. Aber wenn ich mir heute einige Medienkommentare zu den Anti-Corona-Maßnahmen durchlese, scheint es, als kennen die Kommentatoren nur das Recht auf eine Freiheit, die nicht beschränkt werden darf.

Dabei vergessen sie, dass in einer Demokratie Freiheit nur so lange gewährleistet werden kann, wie die Freiheit eines jeden Bürgers auch beschränkt wird. Die Demokratie versucht, jedem Bürger so viel Freiheit wie möglich zu geben, indem sie seine Freiheit so wenig wie möglich einschränkt. Aber Einschränkungen sind notwendig. Wir erfahren sie täglich. Selbstverständlich dürfen wir in einem Rechtsstaat nicht ungestraft morden oder rauben. Wir dürfen aber auch nicht bei Rot über die Straße gehen, in einer 30er-Zone mit vierzig Stundenkilometern fahren oder uns weigern, Steuern zu bezahlen. Für all das gibt es Gesetze und Normen, die unseren Staat funktionieren lassen und verhindern, dass wir in ein anarchistisches Chaos verfallen.

Freiheit ist das wertvollste Gut, das wir haben. Aber wir sollten auf der Hut sein vor denen, die

»völlige Freiheit« fordern. So etwas ist in einem Rechtsstaat nicht möglich. Völlige Freiheit bedeutet Anarchie, und die Erfahrung hat gezeigt, dass anarchistische Strömungen zu Regimen führten, die noch autoritärer waren als die Systeme davor.

Wenn es zu Einschränkungen unserer Freiheit kommt, müssen wir uns fragen, wie stark sie in unser Leben eingreifen und ob sie gerechtfertigt sind. Vor allem müssen wir uns fragen, ob unsere persönliche Freiheit zum Wohle anderer eingeschränkt wird. Etwa wenn sich junge Menschen, die durch das Coronavirus weniger gefährdet sind, in ihrem Leben einschränken müssen, um ältere Menschen aus den Hochrisikogruppen zu schützen. Diese Krise zeigt vor allem eines: dass Gesetze ohne Eigenverantwortung der Bürgerinnen und Bürger wirkungslos bleiben. Darüber werde ich später mehr schreiben.

Wir müssen in diesen schwierigen Zeiten auf Stimmen der Vernunft hören, auf Experten aus Wissenschaft und Medizin. Haltlose Mutmaßungen und Spekulationen ohne Fakten sind gerade in Krisenzeiten zwar beliebt, aber gerade dann noch gefährlicher.

Ich konnte aber auch einen neuen Zusammenhalt beobachten während dieser ungewohnten Zeit. Viele Menschen haben aus den schnellen Maßnahmen der Regierung und dem verantwortungsvollen Umgang der Gesellschaft Vertrauen geschöpft und gesagt: »Wir schaffen das.« Gerade am Anfang der Krise konnten wir sehen, wie Politiker über Parteigrenzen hinweg miteinander arbeiten, um zu schnellen Entscheidungen zu kommen. Dabei sind Fehler passiert, die vom Verfassungsgericht beseitigt worden sind. Wir sehen an diesen Abläufen, dass unsere Institutionen funktionieren. Sie schützen unsere Freiheit und erlauben Einschränkungen nur, wenn sie absolut notwendig sind. In diese Richtung ging auch die Einschätzung des Verfassungsgerichtshofs bezüglich des Ausgehverbots. Bevor wir uns aber im Detail anschauen, warum die ersten Corona-Maßnahmen teilweise fehlerhaft waren und was wir daraus für die Zukunft lernen können, müssen wir verstehen, warum es überhaupt so wichtig ist, dass Gesetze verfassungskonform sind, und welche Rolle dabei dem Verfassungsgerichtshof zukommt.

DAS FUNDAMENT UNSERES STAATES

Die Verfassung ist nicht irgendein Schriftstück. Sie bildet das wichtigste Fundament eines Staates und legt den Rahmen des politischen Handelns fest. Sie sichert unsere Grundrechte. Jeder Politiker muss in seinen Entscheidungen verfassungskonform handeln. Darüber wacht das Verfassungsgericht. Politisch und rechtlich gesehen legt die Verfassung die Identität des Staates Österreich grundlegend fest. Daher geht ihre Macht auch direkt vom Volk aus.

Für größere Verfassungsänderungen braucht es eine Volksabstimmung.

Die Frage, wie gut unsere Demokratie funktioniert und wie frei wir wirklich sind, ist untrennbar mit der Frage nach unserer Verfassung verbunden. Jeder Bürger sollte zumindest ein wenig über die Verfassung, unter der er lebt, Bescheid wissen. Zu ihrem hundertjährigen Bestehen möchte ich einige Sätze über unsere Verfassung verlieren, was sie ausmacht und wie wir sie vielleicht noch verbessern könnten.

Es gibt einige kleinere Baustellen, die schon lange erkannt worden sind und vermutlich noch lange nach mir da sein werden. Denn sie zu beheben ist mühsam und nur mit großem politischen Willen zu schaffen.

Etwa besitzt Österreich als Bundesstaat ein Zweikammersystem. Neben dem Nationalrat gibt es noch den Bundesrat, der gewissermaßen die Bundesländer auf Bundesebene repräsentiert. Insgesamt ist der Bundesrat relativ machtlos. Er kann zwar sein Veto gegen ein im Nationalrat beschlossenes Gesetz einlegen, doch der Nationalrat kann dieses wiederum relativ leicht durch einen Beharrungsbeschluss unwirksam machen. In bestimmten Fällen bedarf ein Gesetzesbeschluss des Nationalrates der Zustimmung des Bundesrates.

In seiner 100-jährigen Geschichte hat der Bundesrat erst ein einziges Mal ein Gesetz verhindert. Ob es den Bundesrat überhaupt braucht, ist umstritten. Länder, die mit Österreich in Größe und Wohlstand vergleichbar sind, etwa Dänemark, Schweden und Norwegen, haben ein Einkammerparlament. Die Länder sehen im Bundesrat natürlich eine Möglichkeit, auf Bundesebene zumindest ein kleines Wort mitzureden. Doch die Tatsache, dass er in hundert Jahren erst ein einziges Mal effektiv ein Gesetz verhindert hat, zeigt, wie uneffektiv und sinnlos er in seiner jetzigen Form ist. Hier wäre eine Reform notwendig.

Als Gliedstaaten eines Bundesstaates besitzen die einzelnen Bundesländer in Österreich verhältnismäßig viel Macht, was wir in der Politik immer wieder zu spüren bekommen. Doch die Kompetenzverteilung zwischen Bund und Ländern ist schauderhaft. Sie ist kompliziert und in hohem Maße unzweckmäßig. Zahllose Besprechungen zwischen Bund und Ländern über dieses Thema haben stattgefunden, ohne grundlegendes Ergebnis.

WARUM GRUNDRECHTE MANCHMAL KOMPLIZIERT SEIN MÜSSEN

Aus den Bestimmungen der Verfassung ergibt sich die Eigenschaft der Republik Österreich als demokratischer Rechtsstaat. Sie setzt die Grundrechte fest. Vielfach steht dahinter die rechtsphilosophische Vorstellung, dass die Grundrechte nicht verliehen, sondern vorausgesetzt werden. Das zeigt ihre Geschichte, auch auf internationaler Ebene.

Die Verfassung definiert nicht ausdrücklich, dass Österreich ein demokratischer Rechtsstaat ist; dies ergibt sich vielmehr aus ihrem Inhalt, insbesondere aus dem Bestehen der Grundrechte.

Diese Grundrechte sind nicht bloß politische Versprechungen. Sie sind verfassungsrechtlich geschützt. Bürgerinnen und Bürger können sich darauf berufen, wenn sie das Gefühl haben, ungerecht behandelt zu werden.

Anders als in vielen anderen Staaten gibt es in Österreich keinen eigenen Grundrechtskatalog. Mehrmals ist der Versuch gescheitert, einen solchen zu etablieren, etwa 1918 und 1920. Weil man sich aber nie einigen konnte, finden sich heute die Grundrechte verteilt in unserer Verfassung. Die EMRK hat in Österreich Verfassungsrang. Sie ist heute das Surrogat für einen autonomen Grundrechtskatalog. Auch in ihr finden sich viele wichtige Grundrechte.

Ich würde mir wünschen, dass ein solcher Katalog geschaffen wird. Denn Grundrechte sind eine der wichtigsten Errungenschaften moderner Demokratien und es sollte auf einen Blick erkenntlich sein, zu welchen Grundrechten sich ein Staat bekennt. Gerade, weil Grundrechte sehr abstrakt formuliert sind.

So ist etwa in der EMRK das »Recht auf Leben« festgeschrieben. Doch diese weit gefasste Beschreibung löst keine Meinungsverschiedenheiten wie jene um Abtreibung oder Sterbehilfe. Auch andere Grundrechte wie das »Recht auf persönliche Freiheit« oder »Freie Wahl des Wohnsitzes« klingen gut, müssen aber erst interpretiert werden. Kann ich von persönlicher Freiheit sprechen, wenn ich arbeitslos und obdachlos bin? Wenn nicht, muss mich dann der Staat mit Arbeit, Einkommen und Wohnung versorgen? Erst in der Interpretation solcher Rechte sehen wir, welche Politik ein Staat betreibt.

Die Regierung eines Staates kann etwa zu Enteignungen greifen, um jedem Bewohner einen Wohnplatz zu garantieren. Oder sie gibt jedem seiner Bürger die Möglichkeit, zu leben, wie und wo er will. Ein Marxist würde sagen: Solange er es sich leisten kann. Das sind zwei extreme Beispiele, doch sie zeigen, wie unterschiedlich Grundrechte interpretiert werden können. Warum werden sie dann nicht gleich so konkret wie möglich formuliert, fragen Sie sich?

Auch darin liegen Gefahren. Werden Grundrechte zu präzise formuliert, lassen sie keinen Handlungsspielraum mehr und es wird unmöglich, sich an Veränderungen und neue Gegebenheiten anzupassen. Außerdem sollten wir versuchen, etwas so Fundamentales wie Grundrechte auf eine Art zu formulieren, dass sie von den meisten Menschen akzeptiert werden können. Sie sollten nicht einer politischen Ideologie anhängen, sondern so allgemeingültig wie möglich sein.

Als Jurist weiß ich allerdings auch, dass die Gesetzestexte nur eine Seite der Medaille sind. Genauso wichtig ist, wie mit ihnen umgegangen wird und wie sie angewendet werden. Und ich denke, hier war Österreich meist vorbildlich. Nicht zuletzt in der Regierungskrise 2019, ausgelöst durch den Ibiza-Skandal, gab die Verfassung einen genauen Plan vor. Damit war es möglich, eine Beamtenregierung als Übergang zu bilden und die Staatsgeschäfte in die fähigen Hände von Brigitte Bierlein als Bundeskanzlerin zu übergeben. Genauso, wie sie eine ebenso reibungslose Übergabe an die neu gewählte Regierung ermöglichte. Trotz meiner Kritikpunkte kann ich die Meinung von Bundespräsident Alexander van der Bellen nachvollziehen, wenn er unsere Verfassung für ihre Klarheit und Schönheit lobt.

Aufgrund ihrer Bedeutung ist es wenig verwunderlich, dass viele Leute sehr genau verfolgen, wie sich unsere Gesetze zur Verfassung verhalten. Doch manchmal schlägt berechtigte Kritik in unbegründete Panik um. So auch bei den Behauptungen, manche Corona-Gesetze würden unsere Grundrechte außer Kraft setzen oder gar abschaffen. Wie ich zeigen werde, tun sie das keineswegs.

UNSERE INSTITUTIONEN SIND STARK GENUG, UM UNSERE GRUNDRECHTE ZU SCHÜTZEN

Die sogenannte »zweite Welle« scheint in Österreich angekommen zu sein. Nachdem die Maßnahmen der Regierung die Erkrankungsfälle im Mai und Juni eindämmen konnten, steigen die Fallzahlen vor allem seit August und September wieder in die Höhe. Es ist eben dieses Ausgangsverbot, das viel Kritik geerntet hat. Nachdem es während der »ersten Welle« in einem Eilverfahren ausgearbeitet und beschlossen worden ist, regten sich schon bald die Bedenken verschiedener Juristen über seine Rechtmäßigkeit.

Doch was ist dran an dem Vorwurf, Grundrechte würden durch die Corona-Maßnahmen eingeschränkt werden?

Das Ausgangsverbot war juristisch äußerst unordentlich ausgearbeitet. Genau das hat auch das Verfassungsgericht bemängelt. Diesem allgemeinen Betretungsverbot für öffentliche Orte fehlte es an einer gesetzlichen Basis. Es war zu umfassend: Das Hinausgehen war – bis auf einige, unklar definierte Ausnahmen – verboten. Doch laut Verfassungsgericht hätte es genau andersherum sein müssen: Das Betreten von öffentlichem Raum muss erlaubt sein, während es Ausnahmen dazu geben darf. So hält das Verfassungsgericht auch fest, dass ein Ausgangsverbot unter gewissen Umständen gerechtfertigt ist. Nur müssen diese Umstände präziser definiert werden.

Das neue Corona-Gesetz, das Ende September erlassen wurde, versucht, dem Rechnung zu tragen. Es enthält genauere Bestimmungen und gibt den Verordnungen nur beschränkte Befugnisse. Es legt fest, wann es zu Auflagen beim Betreten von bestimmten Orten kommen kann – etwa Maskenpflicht – und wann überhaupt ein Betretungsverbot verhängt werden muss. Falls die Fallzahlen steigen, kann es zu Ausgangssperren kommen. Dann ist auch das Verlassen des privaten Haushaltes nur noch aus ganz bestimmten Gründen möglich, etwa Betreuung einer Person, zur »Deckung notwendiger Grundbedürfnisse des täglichen Lebens« oder für die »körperliche und psychische Erholung«. Man darf mit Spannung erwarten, was der Verfassungsgerichtshof dazu sagen wird.

Während der Ausgangssperre waren natürlich auch Demonstrationen nur schwer möglich. Daraufhin meldeten sich recht bald einige besorgte Bürger zu Wort, die meinten, die Politik hätte ihnen das Versammlungsrecht weggenommen. Hier muss ich einen großen Unterschied herausstreichen, nämlich jenen zwischen Wegnehmen und Beschränken.

Denn diese Bürger übersehen offenbar, dass es selbst im Falle der Grundrechte sogenannte Gesetzesvorbehalte gibt. Sie formulieren, wann Eingriffe sogar in die Grundrechte erlaubt sind.

In der EMRK steht unter Artikel 11 zur Versammlungs- und Vereinigungsfreiheit: »Die Ausübung dieser Rechte darf nur Einschränkungen unterworfen werden, die gesetzlich vorgesehen sind und in einer demokratischen Gesellschaft notwendig sind für die nationale oder öffentliche Sicherheit, zur Aufrechterhaltung der Ordnung oder zur Verhütung von Straftaten, zum Schutz der Gesundheit oder der Moral oder zum Schutz der Rechte und Freiheiten anderer.«

Es steht also explizit geschrieben, dass unser Grundrecht auf Versammlungsfreiheit im äußersten Fall eingeschränkt werden darf, falls die Gesundheit anderer in Gefahr ist. Auch das lässt noch viel Interpretationsspielraum, wie es bei Grundrechten meist der Fall ist. Wann etwas gefährlich für die Gesundheit ist, liegt letztlich im Ermessen der Regierung. Was kann eine Regierung also tun?

Sie kann Fachexperten zu Rate ziehen und versuchen, zusammen mit ihnen eine Entscheidung zu treffen. Und genau das ist passiert. Nachdem wir beobachten konnten, wie schlecht mit der Situation in anderen Ländern, etwa in Italien, umgegangen worden ist, und Experten dazu rieten, vor allem den persönlichen Kontakt so gut wie möglich zu verringern, hat unser Parlament Gesetze auf dieser Basis erlassen. Das scheint vernünftig und angemessen. Grund zur Sorge herrscht dann, wenn solche Maßnahmen kein Ende zu nehmen scheinen, selbst wenn das Coronavirus verschwunden ist oder keine große Gefahr mehr darstellt. Damit würden solche Einschränkungen unserer Freiheit keine zufriedenstellende Rechtfertigung mehr erfahren.

Um das zu verhindern, gibt es den Verfassungsgerichtshof. Er ist die wichtigste Kontrollinstanz für politische Entscheidungen.

In manchen anderen Ländern greift der Verfassungsgerichtshof viel früher ein als hierzulande, nämlich bereits bei der Erstellung von Gesetzen. Manche würden sich eine solche Aufwertung auch für das österreichische Verfassungsgericht wünschen. Doch ich habe hier meine Bedenken.

Bei einer solchen Konstruktion wird der Verfassungsgerichtshof selbst zum positiven Mitwirkenden an der Gesetzgebung. Der Verfassungsgerichtshof ist aber »negativer Gesetzgeber« (Kelsen).

Er entscheidet bei Gesetzen mit, anstatt sie nachträglich zu überprüfen. In unserem Land ist er eindeutig ein Kontrollorgan, die Aufgaben sind klar verteilt: Die Politiker müssen sich Gesetze überlegen und sie beschließen. Das Verfassungsgericht prüft diese Gesetze dann.

Ich halte das für eine sinnvolle und wichtige Trennung.

Das Verfassungsgericht kann Fehler bei bestehenden Gesetzen durch Aufhebung beseitigen. Es kann allerdings keine Vorschläge dafür liefern, wie es besser gemacht werden könnte. Manchmal ergibt sich dies mittelbar aus der Entscheidung. Doch soviel Kreativität müssen die Politiker aufbringen. So kann das Verfassungsgericht allerdings seine Neutralität wahren.

Wenn diese Krise eines gezeigt hat, dann, dass unsere Institutionen und Kontrollinstanzen funktionieren. Die Politik erlässt Gesetze, um auf eine Ausnahmesituation zu reagieren. Politiker und Politikerinnen arbeiten dafür über Parteigrenzen hinweg zusammen. Mit Fortdauer der Pandemie müssen Gesetze aber natürlich geprüft und verbessert werden.

Was wir allerdings auch lernen konnten, ist, dass mehr juristisches Fachwissen den Ministerien gut tun würde. Auch sollte man den Verfassungsdienst früher miteinbeziehen. Anders als das Verfassungsgericht kann er Gesetze bereits im Entstehen begleiten und dabei helfen, dass sie später nicht als verfassungswidrig zurückgenommen werden müssen.

Rasch aufeinander folgende Gesetzesänderungen irritieren und untergraben das Vertrauen in die Gesetzgebung. Es ist zuzugeben, dass schnell wechselnde tatsächliche Situationen (wie eben die Entwicklung einer Pandemie) raschere Entscheidungen erfordern als sonst. Gerade deshalb muss mit großer Vorsicht vorgegangen werden.

Doch Politiker und Richter stehen nur auf der einen Seite dieser Vertrauensbasis. Auf der anderen Seite steht die Bevölkerung. Gerade in der Coronakrise sehen wir, dass wir nicht das gesamte Leben mit Gesetzen regeln können. Das kann auch niemand wollen. Um die Krise trotzdem zu bewältigen, braucht es die Eigenverantwortung eines jeden Einzelnen. Diese Verantwortung ist ein notwendiger Pfeiler eines gesunden Staates. Deshalb widme ich ihr am Ende dieses Buches ein eigenes Kapitel.

Lassen Sie mich mit den Worten schließen, die dieses Kapitel überschreiben. Unsere Institutionen wie der Verfassungsgerichtshof sind stark genug, um unsere Grundrechte zu verteidigen und zu schützen. In Ausnahmezeiten wie der Corona-Pandemie kann es zur Beschränkung von gewissen Rechten kommen, aber nur zum Schutz der Bevölkerung und eben unter der Kontrolle des Verfassungsgerichtshofes.

Denn solange wir in einer Demokratie leben, müssen wir verstehen, dass unsere Freiheit immer eingeschränkt wird, und zwar, um Freiheit auch für andere zu ermöglichen und sie zu bewahren.

Die Grundlage für Freiheit, Demokratie und Rechtsstaatlichkeit bildet die österreichische Verfassung. Das dürfen wir nicht vergessen, und wir sollten nicht zulassen, dass ihre Bedeutung heruntergespielt wird. Sie ist nicht perfekt, aber wir können sehr froh darüber sein, wie sie heute verwirklicht und gelebt wird. Wir können in sie und in die Institutionen, die sie schützen, vertrauen. Denn ohne dieses Vertrauen kann eine Demokratie auf längere Sicht nicht bestehen.

WIR MÜSSEN WIEDER VERTRAUEN FINDEN

Das Fundament unserer modernen Demokratie ist Vertrauen. Wir müssen darauf vertrauen, dass sich unsere Mitmenschen an Gesetze halten. Wir müssen darauf vertrauen, dass Politiker ihre Arbeit nach bestem Gewissen verrichten. Deswegen sind Skandale wie jener um das Ibiza-Video so schädlich. Sie zerstören das Vertrauen zwischen Bevölkerung und Politikern.

Und dieses Problem kann unsere Demokratie ernsthaft gefährden.

Eine Umfrage zeigt, dass 2019 etwas mehr als sechzig Prozent der Menschen gar kein oder wenig Vertrauen in die Politik hatten. Dagegen vertrauten nur drei Prozent der Politik sehr. Damit ist das Vertrauen in den letzten zwei Jahren gesunken. Nach dem Ibiza-Skandal befand es sich an einem Tiefpunkt.

Doch die Corona-Krisenzeit gibt der Politik die Möglichkeit, das Vertrauen der Bevölkerung zurückzugewinnen. Laut einer anderen Umfrage waren im April 2020 mehr als achtzig Prozent der Menschen von den Anti-Corona-Maßnahmen überzeugt. Sie haben darauf vertraut, dass die Politik die richtigen Maßnahmen setzt. Es ist dieses Vertrauen, das Menschen Masken tragen lässt. Sie denken daran, sich die Hände zu desinfizieren und den Mindestabstand einzuhalten, auch wenn einmal niemand hinsieht.

Doch Vertrauen schwankt. Noch hat die Bevölkerung ein ungewöhnlich hohes Maß an Vertrauen in die Regierung. Laut einer Umfrage des Instituts OGM, das solche Umfragen seit Jahren durchführt, hat die Regierung für 56 Prozent der Befragten mehr Probleme erfolgreich gelöst als noch im Jahr zuvor. Seit Erhebung der Umfragewerte war dies zum ersten Mal mehr als die Hälfte der Befragten. Jetzt wird dieses Vertrauen allerdings auf eine harte Prüfung gestellt: Neue Corona-Gesetze müssen sich beweisen und die »zweite Welle« hat Österreich erreicht. Schafft es die Regierung nicht, hier klar und konsequent zu handeln, könnten sich die Umfragewerte wieder in die andere Richtung bewegen. Dass der Verfassungsgerichtshof das Ausgangsverbot für verfassungswidrig erklärt hat, hilft dabei bestimmt nicht. Nun ist es an der Politik, diese Entscheidungen ernst zu nehmen und sich danach zu richten.

Denn Vertrauen ist zentral für unsere Demokratie. Nicht nur, weil sich Menschen eher an Regeln und Gesetze halten, wenn sie darauf vertrauen, dass diese Gesetze richtig sind. Sondern auch, weil Vertrauen das Wahlverhalten beeinflusst. Wer kein Vertrauen in die Politik hat und alle Politiker für korrupt hält, wird entweder gar nicht wählen gehen oder seine Stimme der Partei geben, die am lautesten auf andere Politiker schimpft.

Dabei möchte ich noch einmal auf den schlechten Nachgeschmack hinweisen, der entsteht, wenn ein Gesetz im Nachhinein für rechtswidrig erklärt wird. Gleichzeitig gibt uns ein solcher Fall auch die Gelegenheit, eine der größten Stärken demokratischer Systeme zu würdigen.

In Demokratien dürfen, müssen sogar Fehler begangen werden. Das liegt in der Natur der Sache, wenn verschiedene Interessen versuchen, Kompromisse zu entwickeln. Doch in funktionierenden Demokratien werden diese Fehler nicht verheimlicht oder gewaltsam durchgesetzt. Sie werden offen angesprochen, kritisiert und von Instanzen wie dem Verfassungsgerichtshof revidiert. Eine Demokratie bietet Raum für Fehler – das Wichtigste allerdings ist, dass ihre Politiker aus diesen Fehlern lernen. Denn wenn sie das nicht tun, könnten Bürgerinnen und Bürger Mut und Vertrauen verlieren.

Und eine Demokratie ohne aktive Beteiligung ihrer Bürger wird langsam zerfallen. Menschen müssen eine informierte Entscheidung treffen, wenn sie an einer Wahl teilnehmen. Dafür müssen sie aber auch das Gefühl haben, dass ihre Stimme Sinn hat und zählt. Und das geht nur, wenn sie darauf vertrauen, dass die gewählten Politiker umsetzen, was sie versprechen. Oder es zumindest versuchen.

In den vergangenen Jahren hat sich die Unart verbreitet, alle Politiker durch die Bank mit groben Schimpfworten zu belegen. Das mediale Bild hat dabei sicher nicht geholfen. Doch diese Meinung bekämpfe ich aufs Schärfste. Denn wenn alle Politiker tatsächlich korrupt und böse wären, dann würde das reine Chaos herrschen. Schauen Sie sich mal um. Sehen Sie Chaos?

Zweifellos gibt es Ausreißer, aber die wird es immer geben. Wir brauchen uns dafür nur das Ibiza-Video ins Gedächtnis rufen. Aber das ist nicht, wie viele Menschen vielleicht denken und uns TV-Serien und Bücher glauben machen wollen, die normale Welt der Politik. Ganz im Gegenteil: Die meiste Zeit machen Politiker und Politikerinnen einfach ihren Job.

Unsere Angst vor der Zukunft hat mit diesem Mangel an Vertrauen zu tun. Wir wählen Politiker in der Hoffnung, dass sie für unsere gesellschaftlichen Probleme eine Lösung finden werden. Wenn wir ihnen nicht mehr vertrauen, verlieren wir diese Hoffnung. Doch die österreichische Politik hat über die Jahrzehnte gute Arbeit geleistet. Nach dem Zweiten Weltkrieg war ich hoffnungsvoll, dass uns ein Wiederaufbau gelingen könnte. Meine Hoffnungen sind sogar weit übertroffen worden. Heute leben wir in Wohlstand und einer funktionierenden Demokratie. Wir haben ein großes Maß an persönlichen Freiheiten. Nicht viele Länder haben ein so gutes Bildungs- oder Sozialsystem wie wir. Wir müssen kritisch bleiben, aber wir müssen auch Vertrauen haben. Ohne Vertrauen kann eine Demokratie nicht gelingen. Mit einer negativen Grundeinstellung werden wir die Probleme, die auf uns zukommen, sicher nicht lösen können.

Um es noch einmal zu betonen: Wir haben gute Gründe, den Politikern zu vertrauen. Dafür reicht ein Blick in unser tägliches Leben. In unserem Land herrschen Ordnung, Sicherheit und ein relativer Wohlstand. Aus meinen vielen Jahrzehnten als Verfassungsrechtler und Berater von Bundespräsidenten weiß ich, dass die Politiker in der überwältigenden Mehrzahl auf das Wohl der Menschen bedacht sind. Das sollte uns Hoffnung und Mut für die Zukunft geben.

WIE GEFÄHRDET
IST DIE EU?

Am Beginn der europäischen Idee stand die Sehnsucht nach Frieden. Diese Sehnsucht reicht lange zurück. Erste Forderungen nach einem Zusammenschluss europäischer Staaten gibt es bereits seit dem 17. Jahrhundert. Der große deutsche Philosoph Immanuel Kant etwa erkannte in seiner Schrift *Zum ewigen Frieden*, dass Weltfrieden nur dann möglich ist, wenn sich Staaten auf dasselbe Gesetz berufen und sich voneinander abhängig machen.

Kant verstand, dass autoritäre Staaten immer einen Vorteil gegenüber anderen Staatsformen haben, weil sie nicht auf Menschenrechte achten müssen. Damit ergibt sich ein Wettbewerbsvorteil, und andere Staaten würden, um nicht abgehängt zu werden, ihren Bürgern auch nach und nach Rechte entziehen. Die einzige Möglichkeit, das zu verhindern, sah Kant darin, dass Staaten eng miteinander zusammenarbeiten und sich auf ähnliche Gesetze berufen. Somit wird sichergestellt, dass sich auch jeder Staat an seine Verpflichtungen hält. Verstößt einer der Staaten gegen ein Grundrecht, würden die anderen gemeinsam gegen ihn vorgehen, anstatt es ihm nachzumachen.

Damals schien diese Idee völlig unrealistisch. Es war eine Utopie, und Utopien bleiben normalerweise Träume.

Doch heute hat sich diese Utopie in der Europäischen Union verwirklicht. Es war eine schwere Geburt. Sie brauchte zwei Weltkriege, bevor sie entstehen konnte.

Bereits nach den Schrecken des Ersten Weltkriegs wurde die Paneuropa-Union gegründet, mit dem Ziel, eine europäische Einheit herzustellen und einen zweiten Krieg zu verhindern. Doch diese Union blieb weitgehend wirkungslos, zu stark waren die nationalistischen Strömungen in den einzelnen Ländern. Allen voran die NSDAP hatte keinerlei Interesse an einem friedlichen Zusammenleben, sondern wollte ganz Europa in ein »Großdeutsches Reich« bzw. »Großgermanisches Reich« verwandeln und »minderwertige Völker« unterwerfen.

Diese Machtbestrebungen führten zum Zweiten Weltkrieg. Nach dieser zweiten verheerenden Katastrophe des 20. Jahrhunderts stand Europa am Rande des Abgrunds und musste sich neu orientieren. Wir haben bereits gesehen, dass sich in dieser Krisenzeit die Demokratie durchsetzte. Ebenso erkannten Politiker, dass ein weiterer Krieg um jeden Preis verhindert werden musste. Um dieses Ziel zu erreichen, musste es eine Zusammenarbeit auf europäischer Ebene geben.

Bereits Winston Churchill sprach von den Vereinigten Staaten von Europa nach amerikanischem Vorbild. Dabei hatte Churchill selbst gar kein wirkliches Interesse, mit Großbritannien einem solchen vereinigten Europa beizutreten. Die Briten wollten lieber weiterhin eine unabhängige Großmacht bleiben. Diese Großmacht zerfiel allerdings und Großbritannien trat schließlich doch der EU bei. Die Europa-Skepsis wurde indes nie ganz überwunden und schlug sich letztlich im Brexit nieder.

Als Gründerväter der EU gelten zwei Franzosen. Der französische Außenminister Robert Schuman und der Unternehmer Jean Monnet entwickelten die Montanunion, eine europaweite Gemeinschaft für Kohle und Stahl. Dabei ging es um einen sehr einfachen Grundgedanken. Wenn Staaten miteinander Handel treiben und wirtschaftlich aufeinander angewiesen sind, sinkt die Wahrscheinlichkeit, dass sie gegeneinander Krieg führen. Damit begann eine wirtschaftliche Zusammenarbeit zunächst zwischen Frankreich und Deutschland, der sich langsam immer mehr europäische Staaten anschlossen.

1992 wurde in Maastricht der »Vertrag über die Europäische Union«, auch bekannt als »Vertrag von Maastricht«, unterzeichnet. Darin war die Zusammenarbeit der Justiz geregelt, die Rolle des Europäischen Parlaments, die Einführung einer gemeinsamen Währung und die Unionsbürgerschaft. Damals wurde der Grundstein für das gelegt, was heute jeder EU-Bürger kennt: Wir können uns innerhalb der EU frei bewegen und problemlos Handel treiben, wir können überall mit demselben Geld bezahlen und uns in jedem Mitgliedsstaat niederlassen.

1995 trat Österreich, zusammen mit Finnland und Schweden, der Europäischen Union bei. Dazu war in Österreich eine Volksabstimmung nötig. 66,6 Prozent der Bevölkerung votierten für einen Beitritt, bei einer Wahlbeteiligung von 82,3 Prozent. In den nächsten Jahren folgten viele weitere Staaten. Die EU galt als Garantie für Frieden, politische Stabilität und wirtschaftlichen Aufschwung. Sie bot den europäischen Staaten die Möglichkeit, sich von Großmächten wie der USA und China unabhängig zu verhalten.

Nach dem Austritt Großbritanniens zählt die EU heute 27 Mitgliedsstaaten, was beinahe den gesamten Kontinent abdeckt. Ausnahmen wie Norwegen, die Schweiz oder Island sind zumindest Teil des Europäischen Wirtschaftsraums (EWR).

Doch besonders in den vergangenen Jahren hat die EU mit bisher ungekannten Problemen zu kämpfen. Zunächst kam die Finanzkrise 2009, die auch an den europäischen Ländern nicht spurlos vorüberging. Daran hatte zwar die EU nicht wirklich Schuld, doch EU-Skeptiker gewannen an Bedeutung, und der Nationalismus erstarkte. Die Skeptiker sahen sich bestätigt, als die Griechenland-Krise einen ganzen Staat beinahe in den Ruin trieb. Viele EU-Länder wollten Griechenland weder Schulden erlassen noch mit Krediten helfen. Das Ende der Euro-Währung stand im Raum.

Die nächste Krise kam 2015, als Tausende von Menschen dem syrischen Bürgerkrieg entkommen wollten und nach Europa flüchteten. Die Bilder von überfüllten Flüchtlingslagern gingen um die Welt. Die EU-Länder versuchten sich alle so gut wie möglich aus der Verantwortung zu ziehen. Statt gemeinsam eine Lösung zu suchen, machte es den Anschein, als würde jeder Staat seinen eigenen Plan verfolgen.

Nicht zuletzt aufgrund dieser Krisen kam es zu einem Aufschwung nationalistischer und populistischer Bewegungen und Parteien. In Ungarn und Polen sind sie an der Macht, in Großbritannien haben sie zum Brexit geführt, auch in Belgien, Frankreich, Dänemark, Deutschland, Österreich und in den Niederlanden werden sie stärker. Sie profitieren dabei von einem sinkenden Vertrauen der Bevölkerung in die EU.

Laut dem Statistikinstitut Eurostat hatten 2009 bloß 15 Prozent der Europäer ein negatives Bild der Europäischen Union. 2013 waren es bereits 28 Prozent. Besonders stark sank die Zustimmung in Griechenland, Spanien und Italien – allesamt Länder, die besonders mit wirtschaftlichen Problemen zu kämpfen haben. Ungebrochen hoch ist die Zustimmung in kleineren Ländern, etwa in den baltischen Ländern Estland, Lettland und Litauen, die durch die EU vor der Einflussnahme Russlands geschützt sind.

Wie sieht es in Österreich aus? Obwohl es auch hierzulande eindeutig Europa-feindliche Kräfte und Zweifler gibt, ist die Zustimmung in Österreich weiterhin hoch. Tatsächlich ist sie in den vergangenen fünf Jahren gestiegen. 75 Prozent der Österreicher wollen Teil der EU bleiben, nur acht Prozent wünschen sich einen Austritt. Besonders positiv wird die EU bei Schülern, Lehrlingen und Studierenden gesehen, also bei jungen Menschen.

Die Europäische Union ist, wie bereits erwähnt, das größte Friedensprojekt, das es je gab. Und tatsächlich scheint sie dieses Ziel in den vergangenen siebzig Jahren erreicht zu haben, denn europäische Staaten bekriegen sich nicht mehr untereinander. Im Gegenteil, sie sind wirtschaftlich eng miteinander verbunden. Doch der Friede wird heute als selbstverständlich hingenommen. Gleichzeitig sind die sozialen Probleme in den vergangenen Jahren gestiegen. Das hat den EU-Skeptikern und Populisten in die Hände gespielt.

Die Mehrheit der Österreicher hat ein positives Bild der EU, doch es gibt viele Bedrohungen. Das, was die EU zu Fall bringen könnte, ist bezeichnenderweise die EU selbst.

WIE UNGARN UND POLEN DIE EU ANGREIFEN

Eine große Gefahr für die EU sind die populistischen Parteien, die in immer mehr Ländern an die Macht kommen. Deren Botschaft ist klar: Die EU sei an allem schuld. Konzerne und reiche Politiker in Brüssel würden die armen Menschen ausplündern. Es ist diese Vereinfachung, die Populisten ausmacht und bei vielen Wählern auch gut ankommt. Was sie nicht sehen, ist indes die Tatsache, dass Europa nur so stark oder schwach ist wie seine Mitglieder.

Mit Viktor Orbán regiert in Ungarn bereits seit Jahren ein klassischer Populist. Sein erklärtes Ziel ist es, eine illiberale Demokratie aufzubauen. In dieser können Bürger zwar weiterhin wählen gehen, aber viele Grundrechte wie Meinungs- und Pressefreiheit oder Minderheitenschutz werden eingeschränkt oder abgeschafft. Auch an der EU lässt er kein gutes Haar, obwohl vor allem die Hauptstadt Budapest stark von EU-Geldern profitiert hat. Tatsächlich erhält Ungarn die größte Pro-Kopf-Unterstützung aller Mitgliedsstaaten. Solche Fakten werden aber gerne vergessen.

Orbán liebt es, an politische Grenzen zu gehen und zu testen, was noch realistisch ist und was nicht. Er hat das Land kräftig umgebaut. Der Medienrat ist mittlerweile nur mit Parteikollegen besetzt, und Zeitungen, Radiosender und TV-Sender werden direkt von der Regierung überwacht, um auch ja keine »Falschinformationen« zu publizieren, die der Regierung schaden könnten.

2011 ließ Orbán die Befugnisse des obersten Gerichts stark beschneiden, damit er es leichter kontrollieren kann. Mittlerweile wurde auch die ungarische Verfassung geändert. Die neue Verfassung wurde alleine von Orbáns Regierungspartei, der Fidesz, formuliert und trat ohne Volksabstimmung in Kraft. In anderen Ländern wäre so etwas absolut undenkbar.

Nach den Medien und der Justiz kam die Bildung an die Reihe. Universitäten dürfen nicht mehr selbst entscheiden, wofür sie ihr Geld ausgeben, sondern sind ebenfalls direkt Mitarbeitern der Regierung unterstellt. Finanziert werden keine kritischen Projekte mehr, sondern bestenfalls Forschungsprojekte, die Ungarn in einem möglichst guten Licht erstrahlen lassen.

Zuletzt hat Orbán die Coronakrise geschickt für seine Zwecke genutzt. Er rief den nationalen Notstand aus, was die Opposition völlig ausschaltet. Er nutzte das Notstandsgesetz, um Ausländer für das Coronavirus verantwortlich zu machen und die Folgen herunterzuspielen. Ärzte dürfen nicht mehr mit der Presse reden, Journalisten nicht frei über das Virus berichten. Jedem, der die Ursache des Virus in etwas anderem als in kriminellen Einwanderern sieht, droht eine Strafe. Kritiker fürchten, Orbán könnte die durch das Notstandsgesetz neugewonnene politische Macht auch dann nicht zurücknehmen, wenn die Coronakrise beendet ist.

Und Orbán nutzt eine für Populisten typische Taktik: Er beruft sich bei all seinen Entscheidungen auf den »Willen des Volkes«, der von seiner Fidesz-Partei verkörpert wird. Und in einer Demokratie, so seine Logik, hat das Volk immer recht.

Unterstützt wird Ungarn in der EU von Polen, in dem ähnliche Angriffe gegen den Rechtsstaat geführt werden. Wie in Ungarn mit Viktor Orbán wird auch Polen vor allem von einem Mann regiert: Jaroslaw Kaczynski. Anders als Orbán ist Kaczynski weder Präsident noch Premierminister, allerdings Chef der stärksten Partei PiS. Er dirigiert im Hintergrund alle Entscheidungen.

Dabei wendet er ganz ähnliche Taktiken an wie sein Kollege Orbán. Zunächst wurde die Pressefreiheit so gut wie abgeschafft und sowohl die Kultur- als auch die Bildungspolitik auf Staatslinie gebracht.

Doch Polen ist einen Schritt zu weit gegangen. 2017 verabschiedete die Regierung ein neues Gesetz, damit oberste Richter statt wie bisher mit siebzig nun mit 65 Jahren in Ruhestand gehen müssen. Damit würden auf einen Schlag 27 Richter in Rente geschickt. Deren Posten müssen neu besetzt werden, und Kaczynski plant, dies mit Parteifreunden zu tun. Die Gewaltenteilung wäre damit so gut wie aufgehoben, die Politik würde über das Recht bestimmen. Oder, anders formuliert, das Recht würde tatsächlich der Politik folgen und nicht die Politik dem Recht.

Daraufhin hat die EU zum ersten Mal in ihrer Geschichte ein Vertragsverletzungsverfahren gegen Polen eingeleitet, weil sie die Rechtsstaatlichkeit bedroht sieht. Am Ende dieses Verfahrens könnte Polen sein Stimmrecht in der EU verlieren.

Damit hätte die EU erfolgreich die Demokratie verteidigt. Doch Ungarn hat bereits angekündigt, in einem solchen Falle im Sinne Polens abzustimmen. Und die Entscheidung, ob ein Land sein Stimmrecht verliert, benötigt eine einstimmige Entscheidung aller übrigen EU-Länder.

DAS PROBLEM MIT DER EINSTIMMIGKEIT

Wichtige Entscheidungen innerhalb der EU unterliegen dem Einstimmigkeitsprinzip. Das bedeutet, alle Staaten müssen die Entscheidung akzeptieren. Umgekehrt bedeutet das: Eine Gegenstimme reicht, um einen jahrelangen Arbeitsprozess zu stoppen oder gar zu Fall zu bringen.

Lange Zeit haben sich die beiden großen Nationen Deutschland und Frankreich etwas ausgemacht, und das wurde dann durchgezogen. Doch diese Zeiten sind vorbei. Staaten mit ähnlicher Politik schließen sich zusammen, um sich gegenseitig zu unterstützen. Polen und Ungarn helfen sich somit gegenseitig, EU-Sanktionen zu entkommen. Die beiden Staaten sind Teil der Visegrád-Gruppe, die auch Tschechien und die Slowakei umfasst. Innerhalb der EU treffen völlig verschiedene Perspektiven aufeinander. Durch das Einstimmigkeitsprinzip blockieren sich die Staaten gegenseitig.

So ist es auch kein Wunder, dass in den großen aktuellen Fragen bisher wenig zustande gebracht wurde. So gibt es zum Beispiel keine Verteilung von Flüchtlingen. Es gab zahlreiche Ideen, etwa Flüchtlinge nach ihren Fähigkeiten auf Länder zu verteilen, wo sie leben und arbeiten könnten. Oder einen Entschädigungsaufwand an Länder zu zahlen, die besonders viele Flüchtlinge aufnehmen. Doch Länder wie Polen und Ungarn lehnten solche Konzepte rundheraus ab, sie verfolgen eine radikale Anti-Immigrations-Politik.

Ebenso wenig hat sich bei einer gemeinsamen Verteidigungspolitik getan. Schon lange wird für einen effektiven gemeinsamen Grenzschutz über ein EU-Heer nachgedacht, aber auch hier gehen die Meinungen weit auseinander. Zurzeit zahlt die EU dem türkischen Staatschef Recep Tayyip Erdogan viel Geld, damit er die Flüchtlingsströme aus dem Nahen Osten aufhält. Doch damit liefert sie sich einem machthungrigen Diktator aus.

Auch in der Wirtschaftspolitik sind die Lager gespalten. Während Deutschland und Frankreich den von der Coronakrise hart getroffenen Ländern Zuschüsse gewähren wollen, stellten sich Dänemark, Schweden, Österreich und die Niederlande dagegen. Für sie stellen nur rückzahlbare Kredite eine Option dar. Letztlich wurde hier ein Kompromiss gefunden.

Aber grundsätzlich gilt: Solange es das Einstimmigkeitsprinzip gibt, werden sich große Entscheidungen nur sehr schwer oder gar nicht durchsetzen lassen. Besonders gefährlich wird es, wenn sich Staaten wie Ungarn und Polen gegenseitig decken und so die schrittweise Abschaffung der Demokratie ermöglichen. Das untergräbt die gesamte EU und ist ein radikaler Gegensatz zu den Werten, für die sie einsteht.

Hier eine Lösung zu finden, erfordert viel Feingefühl. Denn viele Länder fühlen sich von den großen

Mächten Deutschland und Frankreich in wichtigen Entscheidungen übergangen. Vor allem während der Finanzkrise, die ihren Höhepunkt in der Staatspleite von Griechenland fand, war es Deutschland, das den Kurs angab. Das Einstimmigkeitsprinzip ermöglicht es kleinen Staaten, mit diesen beiden Mächten auf Augenhöhe zu verhandeln.

Eine andere Variante der Entscheidungsfindung sind Abstimmungen und die Suche nach (qualifizierten) Mehrheiten. Dabei muss die EU vorsichtig vorgehen, denn wenn jedes Land die gleiche Stimme hat, führt dies zu einer Verschiebung der Verhältnisse. Dann können etwa Estland und Bulgarien gemeinsam Deutschland überstimmen. Womöglich wäre ein Verteilungsschlüssel nach Größe und jährlichen Abgaben an die EU ein Weg, um eine faire Gewichtung der Stimmen zu ermöglichen.

Die Gründe, warum es überhaupt zu solchen fundamentalen Meinungsunterschieden kommt, liegen nicht bloß in populistischen Parteien und ihren Parolen. Sie haben ihre Wurzel in einem großen Problem, das es in der EU schon von Anfang an gibt.

KULTURELLE UNTERSCHIEDE

»In Westeuropa besteht die Überzeugung, dass sich Demokratie und Liberalismus nicht trennen lassen«, sagte der ungarische Botschafter Andre Nagy in einem Interview, »wir glauben, dass auch eine illiberale Demokratie demokratisch ist.«

Die EU betont stets, wie stolz sie auf ihre Vielfalt ist. Dieser Europagedanke – Einheit in Vielfalt – ist wunderschön, doch er stößt recht bald an Grenzen. Die urbane Bildungsschicht mag sich problemlos als Europäer identifizieren können. Doch zwischen einem Rentierzüchter aus Schweden und einem Schafhirten aus Kroatien besteht kulturell ein großer Unterschied. Die EU hat für beide eine völlig andere Bedeutung. Auch stellt sich die Frage, ob sie überhaupt von ihr profitieren.

Doch nicht nur kulturell bestehen zwischen den Ländern der Union große Unterschiede. Auch die politischen Institutionen arbeiten unterschiedlich. Ungarn und Polen sind das beste Beispiel. Die regierenden Politiker haben eine völlig andere Vorstellung von Demokratie als wir in Österreich. Trotz der geographischen Nähe zu Ungarn hat unser Nachbarland eine ganz andere Geschichte. Bevor Ungarn der EU beitrat, wurde das Land kommunistisch regiert. Diese Zeit hat ihre Spuren hinterlassen.

In Mitteleuropa ist die europäische Idee historisch am stärksten, das zeigen auch alle Umfragen. Doch andere Länder haben ihre eigenen Vorstellungen davon, was die EU leisten soll. Ungarn und Polen sehen sie als Wirtschaftsunion, wollen sich aber politisch nicht dreinreden lassen. Im Baltikum erhofft man sich Schutz vor russischem Einfluss. In Spanien wiederum hoffen viele nationale Minderheiten durch europäische Hilfe auf mehr Gehör.

Historisch liebäugelten die Basken und Katalanen in Spanien immer schon mit der Unabhängigkeit. So war es auch nicht verwunderlich, dass der katalanische Politiker Carles Puigdemont 2017 nach dem gescheiterten Versuch, Katalonien per Referendum in die Unabhängigkeit zu führen, nach Brüssel flüchtete und seither dort im Exil lebt. Spanische Politiker wiederum hoffen, dass sie das Land unter der europäischen Flagge einen können. Wenn sich Basken oder Katalanen schon nicht als Spanier sehen, dann vielleicht wenigstens als Europäer.

Vor einem Jahrhundert noch erschien es unmöglich, so viele verschiedene Staaten in einer Union zu vereinigen. Es ist ein politisches Wunder, dass es gelungen ist. Doch die nationalen Identitäten und Eigenheiten lösen sich nach einem EU-Beitritt nicht in Luft auf. Der ungarische Premier bleibt auch in Brüssel vor allem Ungar und der österreichische Bundeskanzler Österreicher. Europa kommt zurzeit stets an zweiter Stelle.

Ein europäischer Bundesstaat, von vielen als utopische Zukunftsvision gewünscht, liegt daher noch in weiter Ferne. Ein solcher europäischer Staat würde einen herben Machtverlust für die Nationalstaaten bedeuten. Das können sich gerade jetzt wenige Politiker leisten, da sie ihre Politik ganz auf den Nationalstaat ausrichten.

Dabei müssen wir unterscheiden zwischen Nation und Staat. »Staat« ist ein politischer Begriff, »Nation« ein kultureller. Der Nationalstaat, so wie er in den vergangenen Jahrhunderten entstanden ist, beruht auf der Idee, dass eine Nation, etwa die deutsche oder französische, in einem Staat zusammengefasst wird. Ein solches Konzept befeuert selbstverständlich den Nationalismus und kann auch zu einem falsch verstandenen Patriotismus führen, der alles Fremde ablehnt.

Dabei dürfen wir nicht vergessen, dass Nationen konstruiert sind. So gehört für viele rechte Politiker aus Österreich und Deutschland die Republik Österreich eigentlich zur deutschen Nation. Eine solche Behauptung ging auch der Annexion Österreichs durch die Nationalsozialisten voran. In Frankreich, der zweiten großen europäischen Macht, liegen die Dinge anders: Seit der französischen Revolution gilt dort, dass der französische Staat die Nation ist und umgekehrt.

Ein europäischer Bundesstaat wäre ein Staat, doch könnte er auch eine Nation werden? Dafür müssten sich alle seine Bewohner als Europäer fühlen, noch bevor sie sich als Deutsche, Franzosen oder Österreicher begreifen. Und selbst in jenen Ländern, die Europa am kräftigsten unterstützen, ist diese Vorstellung heute sehr unwahrscheinlich.

Das größte Problem der EU ist, dass alle ihre Mitgliedsländer in einem Rahmen nationalstaatlich denken, der nicht dafür ausgelegt ist, nationalstaatlich zu denken.

Der Nationalismus ist neben dem Populismus der gefährlichste Feind der EU. In Ländern wie Ungarn oder Polen können nationalistische Parteien der EU noch keinen vernichtenden Schaden zufügen. Dafür sind die Länder schlicht zu klein. Doch es brodelt auch in Deutschland und Frankreich. Wenn sich die nationalistischen Parteien dort eines Tages durchsetzen sollten, könnte das zum Ende der EU führen.

WARUM DIE AFD UND MARINE LE PEN VIEL GEFÄHRLICHER SIND ALS VIKTOR ORBÁN

So wie es in einer pluralistischen Demokratie immer Populisten geben wird, kann auch eine freie und offene Gesellschaft wie die EU ihre Gegner nicht einfach verbieten. Sie muss selbst für ihre härtesten Kritiker Platz schaffen. Das ist das Wesen der Demokratie.

Dadurch kommt es allerdings zu der seltsamen Konstellation, dass die viertstärkste Fraktion im EU-Parlament die EU abschaffen möchte. Diese Fraktion nennt sich derzeit »Identität und Demokratie«, nachdem sie sich als »Europäische Allianz der Völker und Nationen« 2019 gegründet hatte.

Sie setzt sich aus allen Populisten, Rechtsextremen und EU-Kritikern zusammen, die sich in Brüssel finden lassen. Die stärksten Parteien der Fraktion sind die Lega Nord aus Italien, die Alternative für Deutschland (AfD), die Rassemblement National (zuvor Front National) aus Frankreich und die FPÖ aus Österreich. Ihr Ziel ist es, die EU zu entpolitisieren und allein auf ihre wirtschaftliche Funktion zu beschränken. Für einen Austritt werben die Parteien nur deshalb nicht offen, weil sie selbst bei ihren Stammwählern mit einer so radikalen Forderung nicht punkten können.

Wie konnten die EU-Kritiker so stark werden? Zunächst müssen wir uns vergegenwärtigen, dass sich alle EU-skeptischen Wählerstimmen auf diese eine Fraktion konzentrieren. Während alle anderen Parteien die EU zwar manchmal kritisieren, aber nicht in Frage stellen, bieten die Parteien der Fraktion »Identität und Demokratie« allen EU-feindlichen Wählern eine Plattform. Da sie damit die einzige Option für EU-Gegner ist, versammelt sie auch relativ viele Stimmen auf sich.

Doch auch in den einzelnen Ländern gewinnen die Parteien immer mehr Macht. Matteo Salvini von der Lega Nord regierte bereits zusammen mit der populistischen Fünf-Sterne-Partei in Italien. Nach zahlreichen Skandalen rund um den damaligen Innenminister Salvini und seine Partei beendete die Fünf-Sterne-Partei die Zusammenarbeit und regiert seit 2019 in einer Koalition mit vier anderen Parteien. Marine Le Pen und die Rassemblement National unterlagen in der letzten Präsidentschaftswahl nur knapp Emmanuel Macron.

Die FPÖ kann ebenfalls bereits auf Regierungsbeteiligungen zurückblicken, die ähnlich unglücklich verliefen wie die von Matteo Salvini und der Lega

Nord. Auch die AfD konnte in den vergangenen Jahren stetig Zugewinne in Deutschland verzeichnen und ist die drittstärkste Kraft im Land, hinter CDU/CSU und SPD.

Weder Orbán mit seiner Fidesz noch die polnische PiS sind in dieser Fraktion zu finden. Doch die Parteien der »Identität und Demokratie« sollten uns mehr Sorgen bereiten. Denn wenn sie an Macht gewinnen, wird das europapolitisch mehr Gewicht haben und wir werden die Auswirkungen deutlicher zu spüren bekommen. Deutschland und Frankreich sind die Stützen der Europäischen Union. Sollten sie in die Hände EU-feindlicher Parteien fallen, dann ist das der Untergang der Europäischen Idee.

Alle diese Parteien sind nicht nur populistisch, sondern stehen im politischen Spektrum auch weit rechts. Besonders ist das bei der AfD zu beobachten. Natürlich gibt es auch dort alle Abstufungen von Wählern. Manche sind bloß unzufrieden mit dem System. Allerdings finden sich darunter auch bekennende Neo-Nazis.

Die Sprache der Parteiführer ist äußerst gefährlich. Sie beherrschen die Kunst, doppeldeutige Aussagen zu treffen, die allerdings einen eindeutig nationalistischen Hintergrund besitzen. Parteien wie die AfD erinnern mit ihren Wahlsprüchen und Forderungen an vergangene Zeiten, die sich niemand, der sie noch selbst erlebt hat, zurückwünschen kann.

Populismus und Faschismus sind nicht dasselbe, doch sie überschneiden sich. Und immer öfters übertritt die AfD diese Grenzen. Auch diese Partei behauptet, das »wahre Volk« zu vertreten, und vereinfacht komplizierte Themen bis zur Unkenntlichkeit. Außerdem zeichnet sie sich durch einen extremen Nationalismus aus, der bei vielen Anhängern zu einem regelrechten Fremdenhass führt.

In den vergangenen Jahren ist die rechtsextreme Gewalt in Europa angestiegen. Dabei richtet sich die Gewalt gegen alles, was nicht dem eigenen Weltbild entspricht, egal ob Juden, Muslime, Homosexuelle oder politisch Andersdenkende. 2019 versuchte ein Mann im deutschen Halle in eine Synagoge einzudringen. Als er scheiterte, erschoss er zunächst eine vorbeikommende Passantin und dann einen Mann in einem Kebab-Laden. Der Kasseler Regierungspräsident Walter Lübcke wurde 2019 vor seinem Haus erschossen. Mittlerweile hat der Täter, ein bekennender Neo-Nazi, gestanden, Lübcke aus politischen Gründen erschossen zu haben. Denn Lübcke hatte sich für die Unterbringung und Versorgung von Flüchtlingen stark gemacht.

Erst kürzlich, Anfang 2020, erschoss ein Mann neun Menschen in zwei Shisha-Bars in Hanau. Rein statistisch ist es damit wahrscheinlicher, in Deutschland einem rechtsextremen Anschlag zum Opfer zu fallen als einem religiös-fundamentalistischen.

Die Sprache der Politik beeinflusst das Handeln der Menschen. Parteien wie die AfD, die beständig Grenzen überschreiten, nehmen in Kauf, dass sich Menschen in ihren absurden Überzeugungen bestätigt fühlen. In den deutschen Bundesländern Thüringen und Brandenburg wurde die AfD – immerhin die drittstärkste Kraft – vom Verfassungsschutz sogar als rechtsextrem eingestuft und befindet sich unter Beobachtung. Die führenden Politiker dürfen nun also überwacht und auf rechtsextreme Aktivitäten überprüft werden. Das ist schockierend.

Schon einen Schritt weiter auf dem Weg zur Macht ist die französische Partei Front National unter Marine Le Pen, die seit 2019 als Rassemblement National auftritt. Durch diese Namensänderung sollen Wähler angelockt werden, die bisher aus Angst um ihren Ruf die rechtsextreme Partei nicht wählen wollten.

Während der Name neu ist, bleiben die Probleme die gleichen. Obwohl Jean-Marie Le Pen, der die Partei gegründet hat und für seine Verharmlosung des Holocaust bekannt ist, bereits ausgeschlossen wurde, finden sich noch viele Gleichgesinnte in der Partei. In ihrer Sprache und Ideologie steht die Rassemblement National der AfD in nichts nach. 2017 verlor Marine Le Pen erst in der Stichwahl des Präsidentschaftswahlkampfs gegen den jetzigen Präsidenten Emmanuel Macron. Mit einer Präsidentin Le Pen könnten wir uns in Europa auf einiges gefasst machen.

Alle diese Strömungen sind nicht neu. Die Familie Le Pen führt die Front National bzw. Rassemblement National seit den 70er-Jahren. In Deutschland gab es vor der AfD die NPD. Auch Belgien, die Niederlande (mit Geert Wilders) und Schweden haben eine lange Geschichte rechtsextremer Politik. Doch in den vergangenen Jahren, befeuert vor allem durch die Flüchtlingskrise 2015 und die anhaltenden wirtschaftlichen Probleme, bekommen diese Parteien mehr Aufmerksamkeit und Wählerstimmen. Geschickt bewegen sie sich am Rand des Erlaubten und wechseln zwischen populistischen Methoden und faschistischer Ideologie hin und her.

Zusammengefasst muss gesagt werden: Politiker wie Viktor Orbán beschädigen den Ruf der EU, doch ihre Länder sind zu klein, um die EU ernsthaft zu gefährden. Parteien wie die AfD oder Politiker und Politikerinnen wie Marine Le Pen jedoch sitzen im Herzen Europas. Gelangen sie an die Macht, wird sich die Stimmung in den beiden europäischen Großmächten Deutschland und Frankreich schlagartig drehen. Das würde nicht nur das Ende der EU bedeuten, auch uns in Österreich sowie allen anderen europäischen Ländern stehen dann dunkle Zeiten bevor. Denn trotz ihrer zahlreichen Probleme dürfen wir die EU unter keinen Umständen aufgeben.

DIE EU SICHERT UNSEREN FRIEDEN

Die Europäische Union ist nach wie vor das größte wirksame Friedensprojekt, das es jemals gab. Das war auch der Grund, warum ihr 2012 der Friedensnobelpreis verliehen wurde. Die Begründung lautete: »Für über sechs Jahrzehnte, die zur Entwicklung von Frieden und Versöhnung, Demokratie und Menschenrechten in Europa beitrugen.«

Die größte Stärke der EU liegt darin, dass es sie gibt. Bevor die EU gegründet wurde, hätte sich niemand vorstellen können, dass ein derartiges Vorhaben gelingen könnte. Wer hätte gedacht, dass nach zwei Weltkriegen Deutschland und Frankreich an einem Tisch sitzen würden und an einer gemeinsamen Zukunft arbeiten?

Vor dem Brexit vereinte die Union auch Großbritannien und Irland unter ihrer Flagge, zwei Länder, die sich ebenfalls einen langen blutigen Kampf um Unabhängigkeit geliefert haben. Die Europäische Union ist die Verwirklichung einer Utopie, und so etwas kommt nur äußerst selten vor. Sie steht für die Idee einer Gemeinschaft, die auf Demokratie, Menschenrechten und Gleichberechtigung aufbaut. Wie das Komitee des Friedensnobelpreises ganz richtig sagt, hat sie die Demokratie stetig vorangetrieben. Dass einzelne Länder wie Polen aus der Reihe tanzen, ist ein Zeichen dafür, wie selbstverständlich Demokratie bereits geworden ist.

Vor der EU waren Politiker, die nationale Interessen über alles andere stellten und Grundrechte missachteten, nicht die Ausnahme, über die sich andere Länder beschwerten. Sie waren vielmehr die Regel. Und falls das eingeleitete Verfahren gegen Polen tatsächlich Wirkung zeigen sollte, hat die EU unter Beweis gestellt, dass sie kein Spielball nationalstaatlicher Interessen ist, sondern, dass sie die Ideale von Demokratie, Gleichheit und Freiheit auch gegenüber einzelnen Staaten durchsetzen kann. Für alle Menschen, denen diese Prinzipien und Ideale wichtig sind, wäre das eine sehr beruhigende Botschaft. Und als jemand, der miterlebt hat, wozu die Missachtung dieser Ideale führen kann, lassen Sie mich Ihnen sagen: Diese Ideale sollten uns allen wichtig sein.

Die EU war die Antwort Europas auf zwei Weltkriege. Sie ist die Hüterin des Friedens. Nationalismus und Fremdenhass haben zu diesen schrecklichen Kriegen geführt. Die EU ist ein Zeichen, dass wir diese alten Muster überwinden können. Es gab in unserer Geschichte noch nie siebzig Jahre, in denen die Menschen in vergleichbarem Frieden und Wohlstand leben konnten. Wir können und müssen viele Dinge an der EU kritisieren, aber bei allem Reformbedarf sollte diese Tatsache allein genügen, am Konzept der Europäischen Union festzuhalten.

Die EU ist auch die Antwort auf die großen Probleme unserer Zeit, des 21. Jahrhunderts. Klimawandel, Stagnation der Wirtschaft und Migration können nicht von einem Staat allein gelöst werden, sondern nur global. Die Europäische Union ist ein erster Schritt in diese Richtung, weg vom kleinkarierten, nationalstaatlichen Denken, hin zu einer großen Gemeinschaft von Menschen aus verschiedenen Ländern.

Statt zu fragen, was für meinen Nachbarn und mich das Beste ist, auch wenn es auf Kosten aller anderen geht, bezieht die EU alle Bürger in ihre Entscheidungen mit ein. Daher brauchen wir nicht weniger, sondern mehr EU.

Die Fronten sind klar. Nationalstaatliches Denken gehört der Vergangenheit an. Es hat uns die größten Kriege der Menschheitsgeschichte eingebracht. Letztlich wird nationalistisches Denken immer zu Konflikten führen. Die Zukunft gehört dem globalen Denken. Sie gehört Gemeinschaften wie der EU.

Doch die EU ist nur so stark wie ihre Mitgliedsländer. Dass es mit dem richtigen Willen zu wegweisenden Entscheidungen kommen kann, haben wir in den vergangenen Jahren immer wieder gesehen. In keiner Region der Welt ist die Reise- und Bewegungsfreiheit so groß wie innerhalb der EU, wenn man von Pandemie-bedingten Maßnahmen absieht. Als EU-Bürger können Sie in jedem anderen EU-Land leben, arbeiten und mit dem Erasmus-Programm studieren. Nirgendwo sonst gibt es

Datenschutzgesetze, die den Konsumenten so gut schützen wie in der Europäischen Union. Der Verbraucherschutz ist in der EU auch strenger als in den meisten anderen Ländern dieser Welt.

Mit aktuell 27 Mitgliedsstaaten und etwa 450 Millionen Einwohnern ist die EU außerdem einer der größten Binnenmärkte der Welt und kann neben den USA und China bestehen. Was für Österreich gilt, gilt auch für die EU: Wenn Sie einmal einige Zeit woanders gelebt haben, werden Sie erst wirklich zu schätzen wissen, was Ihnen Europa bieten kann.

Für Österreich hat die EU politisch betrachtet eine besondere Bedeutung. Denn die EMRK steht im Verfassungsrang. Das bedeutet, wenn in Österreich jemand von Grundrechten spricht, dann bezieht er sich meist auf die EMRK. Sie ist in Österreich auch unmittelbar anzuwenden. Der Europäische Gerichtshof für Menschenrechte in Straßburg kümmert sich um die Einhaltung. Jeder einzelne Bürger der EU hat die Möglichkeit, eine Individualbeschwerde an diesen Gerichtshof zu richten, wenn er seine Grundrechte bedroht sieht. Das ist für eine so große Staatengemeinschaft außergewöhnlich, es stellt eines der höchstentwickelten Rechtsschutzsysteme auf der Welt dar.

Die EMRK muss selbstverständlich Bestandteil der österreichischen Verfassung bleiben, denn ohne sie hätten wir keinen eigenen Grundrechtskatalog. Und anders als Herbert Kickl behauptete (der die EMRK als Innenminister in Frage gestellt hat), wird die Europäische Menschenrechtskonvention auch seit ihrer Entstehung 1950 immer wieder erweitert und angepasst.

All das macht mich sicher: Die Europäische Union hat unseren heutigen Lebensstandard überhaupt erst ermöglicht. Sie ist Garant für Frieden und die bis heute größte Vereinigung von Staaten, die gemeinsam Gesetze erlassen und Entscheidungen treffen. Jeder Staat bringt seine eigene Geschichte und Kultur mit. Damit sind Konflikte vorprogrammiert. Dass die EU dennoch schon so lange Bestand hat, ist eine große Leistung. Wir sollten nicht leichtfertig damit umgehen.

WARUM WIR DIE EU BRAUCHEN – JETZT MEHR DENN JE

Gerade in den weltpolitischen Turbulenzen, mit denen wir uns heute konfrontiert sehen, ist die EU trotz einiger Sorgenkinder ein Ort der Vernunft. In den USA regiert ein Präsident, der vollkommen unvorhersehbar handelt. In den vergangenen Jahren waren die USA die stärkste und größte Demokratie der Welt, doch unter Donald Trump isoliert sie sich immer mehr. Internationale Organisationen wie die WHO, die WTO oder die UNO sind für Trump nur lästig. Globale Lösungen interessieren ihn nicht. Er möchte lieber seine eigene Suppe kochen, ganz nach dem Motto »America first«. Dass er so keine großen Probleme lösen kann und langfristig nur mehr Schaden anrichtet, weil sich Amerika zunehmend selbst ausgrenzt, ist ihm entweder egal oder er sieht es nicht.

Durch die Isolation der USA entsteht ein Machtvakuum. Neben Russland ist vor allem China bemüht, diese Lücke zu füllen. Durch Investitionen kaufen sich die Chinesen langsam in europäische Länder ein. Zunächst vergeben sie großzügige Kredite für Flughäfen oder Häfen an Länder, die dringend Geld benötigen. So geschehen etwa in Griechenland. Wenn eine Regierung irgendwann die Raten nicht mehr bedienen kann, wird sich China anders bezahlen lassen: mit politischem Einfluss. Und wie chinesische Außenpolitik aussieht, können wir am Beispiel Hongkong erleben.

Die Demokratie wird ausgehöhlt, Medien und Internet werden zensiert, jede abweichende Meinung wird unter strengste Strafe gestellt. Mit digitalen Überwachungstechnologien entsteht in China eine neue Form der Diktatur, die auch für alle anderen Staaten bedrohlich ist. Ohne ein vereintes Europa haben wir dem nichts entgegenzusetzen.

Auf sich allein gestellt, drohen vor allem kleinere europäische Staaten zwischen den Großmächten aufgerieben zu werden. Dafür braucht es heute keinen Krieg mehr, eine geschickte Wirtschaftspolitik genügt. Doch die Europäische Union hat die Möglichkeit, sich zu wehren.

Dafür müssen sich die Politiker endlich von dem alten Nationenbegriff verabschieden. Er ist ein Relikt längst vergangener Zeiten. Die Politik der Zukunft muss global denken, und der erste Schritt dazu besteht in einem Bekenntnis zu Europa. Die großen gesellschaftlichen Probleme unserer Zeit können nur gemeinsam und auf internationaler Ebene gelöst werden. Klimawandel, Künstliche Intelligenz, Wirtschaftskrisen, Migration, das alles sind Phänomene, mit denen ein einzelner Staat nicht fertig werden kann. Um ihnen zu begegnen, braucht es eine Aufwertung der EU und ihres Rechtssystems.

Wir brauchen eine gemeinsame Außen- und Verteidigungspolitik, eine gemeinsame Flüchtlingspolitik, aber auch eine gemeinsame Wirtschaftspolitik. Es muss endlich Schluss damit sein, dass alle nationalen Politiker nach Brüssel kommen, um für sich selbst das meiste herauszuholen, und dann jeden ihrer Fehler als die Schuld der EU darstellen.

Die EU muss aber auch transparenter und volksnäher werden. Eine Möglichkeit wäre, Bürger aktiver mitbestimmen zu lassen, was im EU-Parlament passiert, und eine bessere Kommunikation nach außen zu betreiben.

Ohne die EU geht es nicht. Wenn sie zerfällt, dann ist es vorbei mit dem Frieden, den wir uns in den letzten siebzig Jahren so hart erarbeitet haben. Dann fallen wir wieder in eine Vergangenheit zurück, die geprägt ist von Nationalismus und Populismus, und von der wir dachten, sie eigentlich schon überwunden zu haben.

OPTIMISMUS UND ZUVERSICHT SIND GEFRAGT

Doch wir dürfen optimistisch sein. Die Briten ausgenommen, die immer schon eine komplizierte Beziehung zur EU hatten, ist die Europäische Union
in den meisten Ländern beliebt. Selbst die Mehrheit der Kritiker wollen die EU zwar verändern, aber
nicht abschaffen. Mit Ungarn und Polen gibt es zwei
Gegner im eigenen Haus, doch sie sind zu klein, um
die EU alleine zum Einsturz zu bringen. Und es besteht die Chance, dass die EU zumindest im Falle
von Polen eingreift.

Die Parteien, die der EU wirklich gefährlich werden können, haben entweder bis jetzt immer gegen
pro-europäische Parteien den Kürzeren gezogen,
etwa die AfD oder die Rassemblement National um
Marine Le Pen, oder sind nach einer kurzen Regie-
rungszeit implodiert, etwa die FPÖ oder die Lega
Nord in Italien.

Entschließen wir uns endlich dazu, mehr Vertrauen in Europa zu setzen, werden wir uns selbst
belohnen. Wir werden sehen, dass eine starke Union
für alle ihre Mitgliedsländer von Vorteil ist und alle
Bürger davon profitieren werden. Das wird den Populisten Wind aus den Segeln nehmen.

Die Europäische Union war vor vielen Jahrhunderten eine Utopie, die letztlich Wirklichkeit geworden ist.
Es gilt sie zu schützen und weiterzuentwickeln. Über-
dies ist es höchste Zeit, neue Utopien zu entwerfen. In
unserer modernen Welt haben wir es mit globalen Pro-

blemen zu tun, die globale Antworten verlangen. Auf uns kommen die Konsequenzen des Klimawandels und moderner Technologien wie Künstlicher Intelligenz zu, die sich in vielen Bereichen wie etwa Arbeitslosigkeit und Migration niederschlagen werden.

Bisher haben wir einen weiten Blick in die österreichische und europäische Geschichte geworfen, bis wir schließlich in der heutigen Situation und bei gegenwärtigen Problemen angekommen sind. Wir müssen die Vergangenheit kennen und aus ihr lernen, denn es gibt kein Heute ohne das Gestern.

Nun ist es an der Zeit, den Blick noch weiter nach vorne zu richten. Auf eine Utopie, deren Verwirklichung noch bevorsteht.

MUT ZUR UTOPIE

WIE SIEHT DAS PERFEKTE LEBEN AUS?

Über diese Fragen haben Menschen immer schon nachgedacht. Bereits im Alten Testament wird von Adam und Eva erzählt, die im Paradies leben, im Garten Eden, wo es kein Altern und keine Krankheit gibt. Es ist genug Nahrung vorhanden und die beiden kennen keine Furcht und keine Scham. Doch diese glückliche Zeit geht zu Ende, als der Teufel in Form einer Schlange auftaucht. Vielleicht soll uns das daran erinnern, dass wir mit glücklichen Zeiten sehr sorgsam umgehen müssen. Sie können schnell vorbei sein.

Die Sehnsucht nach einem solchen Paradies ist seit jeher groß. Der britische Philosoph und Politiker Thomas Morus erfand für diesen Ort im 16. Jahrhundert ein Wort: Utopia. »Topos« ist im Altgriechischen der Ort. Das »U« davor hat zwei Bedeutungen: Es kann vom Altgriechischen »eu« kommen, was »gut« bedeutet, also »der gute Ort«. Doch Morus war ein sehr intelligenter Mann und gab sich mit dieser einfachen Bedeutung nicht zufrieden. Das »U« in »Utopia« kann auch für das Griechische »Ou« stehen, was »nicht« bedeutet. In dieser Lesart steht Utopia für den Ort, der nicht erreicht werden kann.

Wie das gemeint ist, zeigt ein Blick auf Morus' eigene Vorstellungen. In seinem Werk »Utopia« berichtet ein Seemann von der Insel Utopia, die er auf seinen Reisen entdeckt hat. Dort herrschen paradiesische Zustände. Es existiert kein Privateigentum und Geld wird nicht verwendet. Jeder arbeitet im Beruf seiner Wahl und es gibt eine Schulpflicht. Männer und Frauen sind gleichberechtigt, es gibt eine Art Krankenversicherung und Kriege werden vermieden. Die Utopier regieren sich selbst in einem demokratischen System.

Das Buch erschien im Jahre 1516. Jedem Leser musste diese Vorstellung wie ein unmögliches und unerreichbares Hirngespinst vorkommen. Im England dieser Zeit herrschte ein mächtiger König, die Adeligen teilten sich das Land auf und die meisten Menschen lebten in bitterer Armut. Hunger und Krieg waren ständige Begleiter, und von einer Schulpflicht konnte keine Rede sein. Das, was die Leser in diesem Buch präsentiert bekamen, stand in komplettem Gegensatz zu ihrem täglichen Leben. War die Utopie von Thomas Morus also nichts weiter als ein Traum, der nie in Erfüllung gehen kann?

Unsere Welt sieht heute, 500 Jahre später, völlig anders aus. Wir können nicht wissen, was Thomas Morus, der wegen seiner Loyalität gegenüber dem Papst vom englischen König Heinrich VIII. hingerichtet wurde, von unserer Gesellschaft halten würde. Aber wahrscheinlich kommt sie seiner Vorstellung von Utopia schon recht nahe. Wir haben Schulen und Universitäten, die kostenlos besucht werden können. Wir haben eines der besten Gesundheitssysteme der Welt. Seit siebzig Jahren gab es keinen Krieg mehr, und unsere Politiker sind demokratisch gewählt.

Es ist das Wesen von Utopien, dass sie aus der bestehenden Gesellschaft heraus betrachtet verrückt und undurchführbar scheinen. Zunächst werden sie in eine Ecke geschoben und bleiben für viele Jahre unbeachtet. Doch eines Tages erinnern sich die Menschen daran. Meistens in Zeiten großer Umbrüche. Wenn die Menschen sich nach etwas Neuem sehnen und mit dem Bestehenden nicht zufrieden sind, dann schauen sie sich um und entdecken oft utopische Vorstellungen wieder. Sie holen diese Vorstellungen hervor und versuchen, sie umzusetzen. Doch utopische Werke alleine verändern noch keine Gesellschaft. Martin Luther saß auch nicht bloß in einer dunklen Kammer und übersetzte die Bibel. Er traf mit seinen Ideen auf eine Zeit, die nach Veränderungen rief. Aus dieser explosiven Mischung entstehen große politische und soziale Umbrüche.

Auch die Vorstellung menschlicher Grundrechte gibt es schon sehr lange. Aber es dauerte bis zur US-Unabhängigkeitserklärung und zur Französischen Revolution, damit sie das erste Mal eine breite Bevölkerung erreichten und sich auch politisch durchsetzten. Doch wie immer gab es auch damals Gegenkräfte, die das Alte bewahren wollten.

Zwar gelang es der Französischen Revolution, den Kaiser zu stürzen, doch ihr Ruf nach Demokratie und Gleichheit wurde nicht erhört. Maximilien de Robbespierre nutzte damals das Chaos aus und erhob sich zu einem diktatorischen Herrscher, der in nur einem

Jahr, zwischen 1793 und 1794, etwa 40.000 Menschen hinrichten ließ, meist aus politischen Gründen. Diese Zeit ist in Frankreich heute als »der große Terror« bekannt. Kurz darauf kam Napoleon Bonaparte an die Macht, und die Ideen von Demokratie und Gleichheit gehörten der Vergangenheit an.

Die Geschichte zeigt uns, dass der Kampf um eine gerechtere Gesellschaft von vielen Höhen und Tiefen begleitet wird. Oft dauerte es lange Zeit, bis eine Idee tatsächlich umgesetzt wurde. Doch wir dürfen auch nicht vergessen, dass unser Leben in Europa heute vielen Menschen in der Welt wie eine Utopie vorkommt. Wir haben Frieden und Demokratie, viele Menschen leben in Wohlstand und Sicherheit.

Wenn im gleichen Jahr wie Thomas Morus' »Utopia« ein Buch erschienen wäre, das die heutige Europäische Union beschreibt, wäre es wahrscheinlich als noch unwahrscheinlicher verlacht worden. Und doch ist die EU – früher reine Utopie – für uns heute Realität. Das zeigt, dass es ohne Utopien nicht geht. Wir brauchen Mut zu Utopien, heute mehr denn je. Unsere Welt verändert sich rasant. Die großen Probleme unserer Zukunft haben längst begonnen. Digitalisierung, Klimakrise und wachsende Ungleichheit stellen uns vor nicht gekannte Herausforderungen.

Wir müssen uns daher endlich fragen, wie eine Utopie für eine gerechtere Zukunft aussehen kann. Wir müssen endlich Mut fassen, wieder in Utopien zu denken.

GLOBALE PROBLEME BRAUCHEN GLOBALE LÖSUNGEN

Die Coronakrise hat uns deutlich gezeigt, wie eng alle Teile der Welt miteinander verbunden sind. Bisher kannten wir vor allem die positiven Auswirkungen der Globalisierung. Wir reisen heute mehr, kaufen Produkte aus verschiedenen Ländern und denken international. Doch diese Globalisierung hat auch Schattenseiten.

Wenn in China eine Virusinfektion ausbricht, wird uns das eher früher als später auch in Europa treffen. Wenn es zu einem Wirtschaftskollaps kommt, wie 2009 in den USA, hat das Auswirkungen auf die ganze Welt. Mit der Politik ist es ähnlich: Verhalten sich einige europäische Länder wie Ungarn oder Polen antidemokratisch, fühlen sich antidemokratische Bewegungen in Deutschland, Italien oder Österreich gestärkt. Wir können Ereignisse nicht mehr isoliert betrachten. Sie sind wie Wellen, die sich langsam über Länder, Kontinente und schließlich die ganze Welt ausbreiten.

Wir bekommen heute schon die Auswirkungen von Viren, Wirtschaftskrisen und politischen Veränderungen zu spüren. Doch die großen Probleme stehen uns noch bevor. Wir wissen etwa, dass die Industriestaaten für einen großen Teil der klimaschädlichen Emissionen verantwortlich sind. Besonders hart treffen wird es aber Menschen an ganz anderen Orten, etwa in Afrika. Temperaturanstiege um ein paar Grad können wir in Wien noch ganz gut verkraften. Doch Menschen in Äthiopien werden mit extremer Hitze und Trockenheit zu kämpfen haben. Ganze Inseln werden durch den steigenden Meeresspiegel verschwinden. In Australien oder den USA wird es zu mehr Naturkatastrophen wie Waldbränden oder Hurrikans kommen. Die Auswirkungen unseres Handelns und unserer Lebensweise werden also zuallererst andere, meist ärmere Menschen in anderen Ländern zu spüren bekommen.

Allein diese Ungerechtigkeit nimmt uns moralisch in die Pflicht, etwas zu tun. Aber auch aus ganz egoistischen Gründen müssen wir handeln. Denn diese Naturkatastrophen werden zu Wirtschaftskrisen und politischer Unsicherheit führen. Viele Menschen werden sich einen neuen Platz zum Leben suchen müssen.

Neben politischen Flüchtlingen wird es dann auch viele Klimaflüchtlinge geben. Wir müssen eine Antwort auf diese Migrationsströme finden.

All diese Faktoren werden die herrschende Ungleichheit auf der Welt noch weiter verstärken. Viele Länder verlieren Milliarden an Steuereinnahmen, weil Steuerparadiese wie der mittelamerikanische Staat Panama existieren. Selbst innerhalb von Europa gibt es mit Ländern wie Irland oder Luxemburg beliebte Steuerschlupflöcher, die es großen Firmen wie Google oder Amazon möglich machen, fast steuerfrei zu bleiben.

Zudem stehen uns auch große technische Neuerungen bevor. Die Anwendung von künstlicher Intelligenz breitet sich jedes Jahr weiter aus und kann immer mehr Jobs ersetzen. Wir werden uns in diesem maschinellen Zeitalter ganz neue Fragen stellen müssen: Was machen wir mit den Menschen, deren Jobs von Maschinen ersetzt werden? Werden wir Steuern auf künstliche Intelligenzen einheben, so wie auf menschliche Arbeiter? Und wie integrieren wir künstliche Intelligenzen in unsere Gesellschaft? Selbstfahrende Autos sind dabei nur das kleinste Problem. Bereits heute werden von dem amerikanischen Militär Drohnen als Tötungswaffen eingesetzt. Noch werden diese von Menschen gesteuert. Jeder Schuss wird letztlich noch von einem Soldaten bestimmt. Was, wenn sich auch das ändert?

Klimawandel, Wirtschaftskrisen, technischer Fortschritt, Ungleichheit und Gesundheitskrisen wie die Coronapandemie betreffen keine einzelnen Länder mehr. Sie umfassen die ganze Welt. Sie betreffen jeden einzelnen Menschen. Wir können uns auf keiner abgelegenen Insel verstecken und ihnen entkommen. Wenn wir ihnen also nicht entkommen können, müssen wir eine Antwort darauf finden. Wir müssen eine Utopie entwickeln, um mit den globalen Problemen auf globaler Ebene umgehen zu können.

Die EU versucht, auf europäischer Ebene eine Antwort darauf zu finden. Doch damit bleiben ihre Lösungsansätze zu klein. Wir müssen größer denken. Wir müssen in Richtung eines globalen Bundesstaates gehen.

DIE UTOPIE EINES GLOBALEN BUNDESSTAATES

Ein globaler Bundesstaat klingt zunächst völlig unrealisierbar. Aber wir sollten nicht vergessen, dass auch die Europäische Union vor ihrer Gründung undenkbar war. Es gab schon immer Bestrebungen, in allen Nationen der Welt gleiche Rechte durchzusetzen.

Nachdem der Völkerbund den Zweiten Weltkrieg nicht hatte verhindern können, trat 1945 eine neue Organisation auf, deren Ziel die Sicherung des Weltfriedens war: Die Vereinten Nationen oder kurz UN (*United Nations*, oder UNO für *United Nations Organization*) hat es sich zur Aufgabe gemacht, Menschenrechte überall auf der Welt durchzusetzen, zwischen Ländern zu vermitteln und Frieden zu stiften.

Genau wie bei der EU ist es bereits ein großer Schritt, dass es eine solche Organisation überhaupt gibt. Bei all den Hindernissen, die es im Laufe der Geschichte gab, ist es beinahe unglaublich, dass sich 193 Staaten versammelt haben, um gemeinsam über Weltpolitik zu sprechen. Aber die Realität wird diesem Wunsch meist nicht gerecht. Die UNO bietet eine Struktur, die alle Nationen an einen Tisch bringt und über allgemein gültige Rechte und Gesetze verhandeln lässt. Doch diese Struktur wird oft nur von wenigen Großmächten für ihre eigenen Zwecke ausgenutzt.

Großmächten wie der USA, China oder Russland fehlt es an dem Bewusstsein, dass wir nur gemeinsam die großen Probleme der Zukunft bewältigen können. Sie wollen das Beste für sich selbst herausholen. So ist es nicht verwunderlich, dass Donald Trump die UN immer wieder scharf kritisiert.

Innerhalb der UNO herrscht ein Alte-Welt-vs.-Neue-Welt-Syndrom. Die einzigen Staaten, die dem sogenannten Sicherheitsrat angehören, ein Vetorecht besitzen und daher jede Entscheidung blockieren können, sind die USA, China, Russland, Frankreich und Großbritannien. Besonders die letzten beiden Länder sind schon längst keine Großmächte mehr. Oft wird von diesem Vetorecht Gebrauch gemacht, um sich selbst oder befreundete Staaten vor Sanktionen zu schützen. So waren etwa beim Irakkrieg unter Bush durch die USA der UN die Hände gebunden, da die Amerikaner ein Veto gegen Maßnahmen der Vereinten Nationen einlegten. Besonders Länder aus Afrika sind bei der UNO meist nur Zuseher, ihr Einfluss ist sehr beschränkt. Dieses Ungleichgewicht könnte ein neuer globaler Bundesstaat aufheben.

Der UNO-Generalsekretär António Guterres sagte: »Nicht alle Menschen sitzen im selben Boot, manche sitzen in einer Yacht.« Er kritisierte nicht nur die Ungleichheit, sondern auch die ungleiche Verteilung von Macht. Ganze Kontinente wie Afrika oder Asien, mit Ausnahme von China, haben wenig Mitspracherecht bei internationalen Entscheidungen.

Das Allerwichtigste für die Utopie eines globalen Bundesstaates ist also, dass wir uns nicht als Gegner betrachten, sondern als Partner, die sich dabei helfen, gemeinsame Ziele zu verwirklichen.

In einem solchen globalen Bundesstaat könnte es verschiedene geographische Zonen geben, die sicherstellen, dass gemeinsame Aufgaben mit unterschiedlichen Lösungen bewältigt werden. Jedes Land müsste seinen Beitrag zum Klimaschutz leisten, aber die Maßnahmen dafür werden ganz unterschiedlich ausfallen. Was in Österreich Sinn macht, hat in Nigeria keine Wirkung, und Indonesien muss ganz andere Maßnahmen setzen als Australien. Doch alle diese Staaten müssen sich zum Klimaschutz verpflichten. Und das könnte ein globaler Bundesstaat sicherstellen.

Verschiedene Institutionen würden sich im Sinne von Checks & Balances gegenseitig kontrollieren und überwachen. So ähnlich wie das in der EU mit Parlament, Kommission und dem EU-Rat der Fall ist. Bis zu einem gemeinsamen, globalen Parlament ist es noch weit hin, und wir müssten eine Möglichkeit finden, dieses Parlament auf demokratischem Weg entstehen zu lassen. Aber ein globaler Weltgerichtshof wäre noch wichtiger. Denn der größte Vorteil eines globalen Bundesstaates wäre, dass sich alle Länder an dieselben Gesetze zu halten haben. Erst dann wird es möglich sein, zum Beispiel Arbeitsrecht und Arbeitsschutz, Gesundheitswesen und Konsumentenschutz so zu regeln, dass wir der globalen Ungleichheit etwas entgegensetzen können.

Wenn sich erst einmal alle Länder zu einem gleichberechtigten und konstruktiven Dialog entschlossen haben, könnten sie auch eine Liste mit notwendigen globalen Änderungen festlegen. Eine solche Liste wäre ein ganz schöner Katalog und ihre Erstellung sehr mühsam. Aber erst, wenn wir wissen, was wir verändern müssen, werden Veränderungen überhaupt möglich.

Ein globaler Bundesstaat mit weltumfassenden Gesetzen könnte sicherstellen, dass diese Veränderungen nicht einigen wenigen dienen, sondern tatsächlich allen Bürgerinnen und Bürgern dieser Welt.

Ich halte einen globalen Bundesstaat unter den heutigen Bedingungen nicht für allzu realistisch. Auch müssten noch viele Details geklärt werden, wie eine solche Konstruktion aussehen könnte.

Aber es liegt im Wesen der Utopie, dass sie nicht realistisch sein muss. Zumindest nicht gleich von Anfang an. Es geht um die Ideen und Visionen, die sich in ihr verbergen. Ich denke, wenn wir eine Chance haben wollen, die Probleme der Zukunft zu überwinden, dann werden wir global, nicht national denken müssen.

Die Welt wird in fünfzig Jahren völlig anders aussehen als heute. Erst dann werden andere Menschen abschätzen können, ob meine Utopie völlig unrealistisch war oder ihrer Zeit voraus. Vielleicht leben wir dann in einer Welt mit einem globalen Parlament und einem globalen Gerichtshof, mit universellen Gesetzen und einer internationalen Zusammenarbeit auf Augenhöhe.

Und stellen Sie sich vor: Was würde der Außenminister des globalen Bundesstaates machen, wenn es kein »Außen« mehr gibt? Ihm würde dann nur mehr der Weltraum bleiben...

Der griechische Philosoph Platon entwarf vor über zweitausend Jahren einen utopischen Staat, in dem Philosophen, als klügste Bürger, herrschen. Ich weiß nicht, ob das tatsächlich die beste Idee ist. Doch bereits Platon wusste, dass es gar nicht so sehr darum geht, eine Utopie zu erreichen. Es geht vielmehr darum, dass wir ihr jeden Tag durch unsere Taten ein wenig näher kommen.

Wir werden vielleicht in naher Zukunft keine globale Zusammenarbeit erleben, wie ich sie mir vorstelle. Aber wir können alle daran arbeiten, dieses Österreich, in dem wir leben, zu verbessern. Neben Vertrauen in unsere demokratische Politik und eine Utopie, auf die wir hinarbeiten, braucht es meiner Meinung nach dafür noch etwas Wichtiges: die Stimme unseres Gewissens. Sie ist die Instanz, die letztlich unsere Entscheidungen beeinflusst. Wir müssen wieder lernen, sie zu hören und ihr zu vertrauen. Darum geht es in dem letzten Kapitel dieses Buches. Lange Zeit war die Kirche Ort unseres Gewissens, doch sie spielt in unserer modernen Gesellschaft eine immer kleinere Rolle. Wir müssen uns also fragen: Wo muss ich heute nach meinem Gewissen suchen?

VERANTWORTUNG UND DIE MACHT DES GEWISSENS

Das Recht besteht aus der Summe von unterschiedlichen Normen (Gesetze, Verträge, gerichtliche Urteile u. a.). Sie müssen für die Betroffenen zugänglich sein. Sind sie das nicht, gehören sie nicht zur Rechtsordnung und können keine Verbindlichkeit beanspruchen. Von der Existenz solcher Normen muss ihre Geltung, d. h. ihre Verbindlichkeit unterschieden werden. Ein Gesetz kann etwas regeln, sodass es zu einem bestimmten Zeitpunkt in Kraft tritt. Woher aber die Berechtigung des Gesetzgebers kommt, diese Verbindlichkeit festzusetzen, wird dabei offengelassen. Sie muss vorausgesetzt werden. Mit diesem Thema sind Bibliotheken gefüllt worden. Eine scharfsinnige Lösung kommt von Hans Kelsen (Grundnorm) – sie ist aber Fiktion und nicht etwas real Existierendes.

Von der rechtlichen Geltung muss die moralische unterschieden werden. Sie entzieht sich der gesetzlichen Regelung. Allerdings stellt sich die Frage, woher man die Grundlagen für die moralische Verbindlichkeit des Rechtes nimmt. Sowohl manche Rechtspositivisten als auch Religionsgesellschaften haben dafür eine Lösung: Die Verbindlichkeit des Rechts ergibt sich aus seinem Wesen. Die Kirche wird hinzufügen, wenn die Norm nicht im Widerspruch zu einer höheren (göttlichen) Norm steht.

Damit sind aber die Schwierigkeiten keineswegs beseitigt. Denn moderne Rechtspositivisten lehnen den Schluss von der Existenz des Rechts auf seine Verbindlichkeit entschieden ab. Der Agnostiker wieder kann Normen, die von der Kirche aufgestellt werden, nicht akzeptieren, weil er nicht an eine solche höhere Befugnis der Kirche glaubt.

Wenn man das alles in Betracht zieht, käme man zum totalen Nihilismus oder Anarchismus. Aber da ist noch das bemerkenswerte Phänomen des Gewissens.

Bei einer Veranstaltung, die ich in Coronazeiten online verfolgen konnte, hielt ein prominenter Theologe einen Vortrag. Er erzählte folgende Anekdote: Eines Morgens war er in Wien unterwegs und musste dabei eine Straße überqueren. Weit und breit war kein Mensch zu sehen, auch keine Autos. Die Ampel zeigte rot, aber der Geistliche beschloss, trotzdem über die Straße zu gehen. Auf der anderen Straßenseite angekommen, wurde er plötzlich von einem Mann mit den Worten »Sie sind aber kein gutes Beispiel« angesprochen. Der Gesprächspartner spielte dabei auf die angesichts der geistlichen Kleidung zu erwartende Beispielsfunktion an. Der Geistliche hat gegen das Gesetz verstoßen. Aber offenbar hat ihn sein Gewissen nicht an dieser »Missetat« gehindert.

Das Beispiel mag banal erscheinen, aber es ist genau dieser Konflikt, der darüber entscheidet, wie wir die Corona-Pandemie überstehen werden. Es geht um die Frage nach Gesetz und Gewissen, und vor allem darum, wie viel Eigenverantwortung dem Menschen zuzumuten ist. Es geht um nichts weniger als eine der wichtigsten Säulen einer funktionierenden Demokratie.

WARUM WIR MEHR EIGENVERANTWORTUNG BRAUCHEN

Was hat ein Theologe, der bei Rot über eine verlassene Straße geht, mit der Corona-Pandemie zu tun? Mehr als Sie auf den ersten Blick meinen.

Bereits am Anfang dieses Buches bin ich auf die Diskussion eingegangen, ob die Corona-Maßnahmen unsere Freiheit zu radikal einschränken. Besonders in den letzten Monaten, als zahlreiche Restriktionen aufgehoben wurden und die Menschen diese Lockerungen auszunutzen begannen, schien unser Leben langsam wieder in gewohnte Bahnen zurückzufinden. Nun steht uns eine »zweite Infektionswelle« bevor und viele fragen sich: Wie konnte es dazu kommen?

Die gegenwärtige Situation verrät uns viel über die Eigenverantwortung von Bürgern. Ein Staat hat vor allem eine Möglichkeit, auf Ereignisse wie das Coronavirus zu reagieren: indem er Gesetze erlässt und diese zwangsweise durchsetzt.

Doch es ist nicht die Aufgabe eines demokratischen Staates, das Leben seiner Bürger bis ins letzte, private Detail zu regeln. Daher muss sich ein Staat auf die Eigenverantwortung seiner Bürger verlassen. Wir als Gesellschaft müssen darauf vertrauen können, dass Gesetze auch dann eingehalten werden, wenn gerade niemand hinsieht.

Der Theologe in unserem Beispiel hat offenbar die Gunst der späten Stunde genutzt. Es war kein Gesetzeshüter zu sehen, also hat er die verbotene Abkürzung genommen und ist bei Rot über die Straße gelaufen. Uns mag das wie eine Kleinigkeit vorkommen. Aber stellen wir uns vor, wir würden uns nie an Gesetze halten, wenn gerade niemand hinsieht. Was würde passieren? Ungefähr das, was in den letzten Monaten zu beobachten war.

Ich muss nur an die Szenen rund um den Wiener Donaukanal zurückdenken. Die Politik hat immer wieder dringende Empfehlungen ausgesprochen, auf große Menschenansammlungen zu verzichten. Als sich die Situation zu bessern begann und Fallzahlen sanken, hat man verstärkt auf die Eigenverantwortung der Bürger gesetzt. Doch für viele Menschen war es offenbar wichtiger, den Feierabend in den Lokalen entlang des Donaukanals ausklingen zu lassen, als sich, wie empfohlen, von größeren Menschenmengen fernzuhalten. Ich kann verstehen, wie attraktiv ein kühles Bier nach einem anstrengenden Tag erscheint, inmitten von jungen und entspannten Menschen. Doch hunderte Leute konzentriert an einem Ort sind in Zeiten einer Pandemie schlicht eine fahrlässige Dummheit.

Heute, da diese Zeilen geschrieben werden, ist gerade die sogenannte Ampel in vier österreichischen Bezirken auf die höchste Stufe gestellt worden, was einen Bürgermeister zu sehr kritischen Worten über das Verantwortungsbewusstsein seiner Bürger veranlasste.

Verhalten wir uns nicht verantwortungsbewusst, droht uns eine schwere Kettenreaktion. Zyniker werden fragen: Wenn sich andere nicht darum scheren, warum sollte ich? Doch diese Einstellung ist fatal.

Wir können außerdem beobachten, dass ab einem kritischen Punkt Gesetze praktisch nicht mehr angewendet werden können. Hätte man jeden Menschen entlang des Donaukanals bestrafen sollen, der sich nicht an die Abstandsregel gehalten hat? Der Aufwand dafür wäre unüberschaubar geworden. Noch dazu hat der Verfassungsgerichtshof nun ohnehin entschieden, dass so allumfassende Ausgangsbeschränkungen rechtswidrig sind. Aber nur, weil es erlaubt ist, sich mit hundert anderen Menschen am Donaukanal auf ein Bier zu treffen, heißt das nicht, dass ein solches Vorgehen in Pandemie-Zeiten sinnvoll ist. Lassen Sie es mich so ausdrücken: Nicht alles, was wir tun dürfen, sollen wir auch tun.

Wenn wir also wollen, dass der Staat nicht alle Lebensbereiche mit Gesetzen und Bestimmungen durchreguliert, müssen wir uns stärker auf unsere Eigenverantwortung besinnen.

Woher aber kommt diese Eigenverantwortung? Ist sie in jedem Menschen zu finden? Ich denke schon. Sie entsteht aus unserem Gefühl heraus, das Richtige tun zu müssen. Wir alle haben solche Gefühle. Nur zu oft hören wir nicht auf sie.

Manchmal geraten unsere Gefühle und die Gesetze in Konflikt. Warum ist das so?

Diese Frage hat mit unserem Gewissen zu tun. Die Gesetze des Staates sind nicht dazu da, unseren Lebensstil zu bewerten. Sie erlauben gewisse Dinge und verbieten andere. Aber ob jemand ein gutes oder richtiges Leben führt, können sie nicht sagen. Sie können nur die Handlungen eines Menschen bewerten, nicht den Menschen selbst. Und selbst die Handlungen werden vom Gesetz nicht in richtig oder falsch eingeteilt, sondern in verboten und erlaubt.

Wenn wir wissen wollen, wie ein richtiges Leben aussieht, müssen wir also unseren Blick woanders hinwenden. Der Staat kann uns darauf keine Antwort geben.

WO IST DAS GEWISSEN ZUHAUSE?

Jeder Mensch hat ein Gewissen, mag er dies nun zur Kenntnis nehmen oder nicht. Über den Ursprung des Gewissens gibt es unterschiedliche Spekulationen. Natürlich spielt der Erziehungsfaktor eine wesentliche Rolle. Ebenso die Lehren einer Religionsgemeinschaft oder sonst einer Gesellschaft, die ethische Maßstäbe vertritt und propagiert. Es kann Gewissenskonflikte geben und Konflikte zwischen dem Gewissen und

einer positiven Norm. Damit muss der Mensch fertig-
werden. Ein gläubiger Angehöriger einer Religionsgemeinschaft wird sich an die von dieser verfügte Norm
halten. Es kommt aber nicht selten vor, dass dies der
Mensch ablehnt. Da muss er die Verantwortung allein
auf sich nehmen. Der religiöse Mensch wird allenfalls
das Urteil des göttlichen Gerichts erwarten.

Papst Leo XIII. sagte bereits im 19. Jahrhundert etwas, das ein Jahrhundert später Bertolt Brecht wie-
derholen sollte: Wo Unrecht zu Recht wird, da wird
Widerstand zur Pflicht. Doch wie erkennen wir, was
Unrecht ist? Wie wissen wir, was falsch ist? Papst
Leo XIII. und der sozialistische Autor Brecht hätten uns bestimmt ganz unterschiedliche Antworten
gegeben.

Einige Juristen und Rechtstheoretiker sagen, was
richtig ist, das ist Gesetz. Das Gesetz hat für sie immer recht. Aber wir sehen, wie unbefriedigend das
oft ist. Theologen sagen natürlich, was richtig ist,
das stehe in der Bibel. Sigmund Freud meinte, das
Gewissen ist das Über-Ich, bestimmt von der Gesellschaft, in der wir aufwachsen. Der deutsche
Philosoph Immanuel Kant, von dem bereits einmal die Rede war, meinte, ein Gewissen gehört zum
Menschsein einfach dazu. Eine befriedigende Antwort, woher das Gewissen kommt, habe ich bis heute nicht gehört.

Lange Zeit hatte die Kirche das Gewissen für sich
gepachtet. Ein König mochte über die Körper seiner

Untertanen herrschen, doch die Kirche besaß ihre Seelen. Sie beurteilte, wer sich richtig verhielt und damit einen Platz im Himmel bekam.

Erst die Aufklärung im 18. Jahrhundert machte deutlich, dass viele Glaubenssätze der Kirche keine Selbstverständlichkeit sind. Die Aufklärer haben auch auf all die Verbrechen hingewiesen, die im Namen des Glaubens verübt worden sind. In den vergangenen Jahrhunderten wurden die Menschen immer unzufriedener mit Geistlichen, die in Reichtum lebten, während sie selbst kaum genug Brot zu essen hatten. So war es nicht verwunderlich, dass nach der Französischen Revolution sofort alles kirchliche Eigentum verstaatlicht wurde.

In diesen Zeiten des Umbruchs traten auch neue politische Bewegungen auf, die selbst vorgaben, das richtige Leben zu kennen. Sozialismus und Kommunismus strebten ein Leben ohne Klassenunterschiede und ohne Privatbesitz an. Der Liberalismus auf der anderen Seite wollte die Freiheit des Individuums garantieren. Was alle diese Strömungen einte, war ihre Ablehnung einer politischen Religion. Von Karl Marx stammt der berühmte Satz: »Religion ist das Opium des Volkes.«

Glaube, so die allgemeine Überzeugung, die sich bis heute hält, hat in der Politik nichts verloren. Glaube ist reine Privatsache. So wie das Gewissen.

Wir haben allerdings auch Angst davor, dem Staat zu viel Macht zu geben. Vor unseren Augen schwebt eine Horrorvorstellung wie in George Orwells Roman 1984, in dem ein totalitärer Staat jede Bewegung seiner Bürger überwacht. An der Spitze des Staates steht der Große Bruder, der Big Brother, den niemals jemand zu Gesicht bekommt. Als die Hauptfigur, Winston Smith, gegen den Überwachungsstaat aufbegehrt, gefangen genommen und gefoltert wird, fragt er seinen Peiniger: »Existiert Big Brother wirklich? Existiert er in derselben Weise wie du und ich?« Worauf der Peiniger lachend antwortet: »Du existierst nicht.« Wenn der Staat zu mächtig ist, verschwindet der Einzelne. Dann ist kein Platz mehr für unser individuelles Gewissen.

Die Gewissensfrage ist eine zentrale Frage der menschlichen Existenz. Philosophen, Theologen und eben Lehrautoritäten haben sich mit ihr beschäftigt. Ich sagte vorhin, jeder Mensch habe ein Gewissen. Aber dieses kann verschüttet sein. Jean-Paul Sartre etwa sagte von sich, er habe kein Über-Ich. Ebenso sieht dies der Anarchismus. Vor solchen Verhältnissen fürchten wir uns zu Recht.

Viele verlangen von der Kirche, Leitfaden des Gewissens und der Moral zu sein. Doch wird sie dieser Forderung in ihrer heutigen Rolle gerecht?

DIE ROLLE DER KIRCHE HEUTE

Wenn ich von der Kirche spreche, meine ich die katholische Kirche, doch dürfte kein entscheidender Unterschied gegenüber den anderen christlichen Kirchen bestehen.

Ich werde im Folgenden darauf eingehen, wie die Kirche im Laufe ihrer Geschichte zunehmend an politischem Einfluss verloren hat und nach dem politischen Programm mancher Bewegungen als Privatsache zu verstehen ist. Dies ist, wie gesagt, politisches Programm einzelner liberaler und sozialistischer Bewegungen, entspricht aber nicht dem Selbstverständnis der Kirche.

In den vergangenen Jahrzehnten hat sich die politische Ausrichtung der Kirchengeher aber auch geändert. Die ÖVP entspringt der Christlichsozialen Partei, die Verbindung zwischen römisch-katholischer Kirche und den Schwarzen ist traditionell stark. Doch wer heute eine Wahl bei den Jungschar-Mitgliedern in den Pfarren machen würde, der bekäme eine absolute grüne Mehrheit. Wir können also sehen, dass sich auch die politische Ausrichtung der Kirchgänger langsam wandelt. Es wird spannend zu beobachten, wohin das in den nächsten Jahrzehnten führen wird.

Die Kirche versteht sich als »societas perfecta«, was manche Kirchenmitglieder gar nicht mehr gerne hören wollen. Während der Zeit der Monarchie gab es die »Allianz von Thron und Altar«. Spätestens seit der Revolution von 1848 ist diese Allianz höchst brüchig geworden. Maßgebende Persönlichkeiten dieser Revolution gehörten nicht der katholischen Kirche an und standen daher im Gegensatz zu dem erwähnten Prinzip. Dazu kommt noch, dass der Kirchenstaat mehr und mehr zerbröckelte, sodass die Kirche daran interessiert war, ihre außerweltlichen Positionen zu halten oder sogar zu verstärken. Der sogenannte »Syllabus« des Papstes Pius IX. erklärte eine Vielzahl liberaler und demokratischer Positionen für inakzeptabel (»anathema sit«). Im Gegenzug nahm der Antiklerikalismus politischer Parteien mehr und mehr Gestalt an. Dies gilt insbesondere auch für die deutsch-nationalen Bewegungen. Vor allem in kleineren Städten waren akademisch gebildete und freiberuflich tätige Personen (Ärzte, Apotheker, Rechtsanwalt, Lehrer) die Speerspitze des Antiklerikalismus. Das Gleiche gilt für die führenden Köpfe der Sozialdemokratie. Dass all das in die Politik der Zwischenkriegszeit hineingewirkt hat, ist verständlich. Heute hat sich die Situation entspannt, obwohl gerade unter jüngeren, akademisch gebildeten Menschen eine deutliche antiklerikale oder gleichgültige Position festzustellen ist.

Heute erfüllt die Kirche vor allem zwei Aufgaben in einem Staat. Sie spielt zum einen im sozialen Sektor eine große Rolle: In der Flüchtlingskrise übernahmen Organisationen wie die Caritas die Aufgaben, die eigentlich der Staat hätte erfüllen sollen. Ohne ihre Mitarbeit wäre die ganze Situation womöglich zu einem humanitären Desaster geworden.

Zum anderen ist sie nach wie vor auch eine Stimme der Kritik gegenüber dem Staat oder der Regierung. Mit Papst Franziskus steht ein Mann an der Spitze der Kirche, dessen Stimme nicht zu überhören ist. Er ist selbstkritisch und hat keine Angst davor, Probleme zu benennen. Dabei macht er sich nicht nur Freunde. Wir sehen, dass in der Kirche heute ganz verschiedene Vorstellungen aufeinandertreffen. Viele begrüßen den neuen Papst in seiner weltoffenen Art. Andere haben Angst, er könnte mit alten Traditionen brechen.

Insgesamt aber hat sich die Kirche im Laufe der Geschichte stark gewandelt. Stand sie dem allgemeinen Wahlrecht am Anfang noch ablehnend gegenüber, gibt es heute keine Diskussion mehr über die Notwendigkeit der Demokratie. Ich denke, sie hat in den letzten 100 Jahren einen vernünftigen Weg zurückgelegt.

Wir können auch deutlich erleben, dass immer mehr Menschen ihre Spiritualität abseits der Kirche ausleben. Das ist in einem demokratischen und liberalen Staat wie Österreich darauf zurückzuführen, dass es zahlreiche andere Angebote und Glaubensvorstellungen gibt. Menschen sehen andere Zugänge, die ihnen womöglich eher entsprechen. Es gibt in Österreich nicht nur einen politischen, sondern auch einen religiösen Pluralismus, und das ist gut so.

Die Angst, dass die römisch-katholische Kirche deswegen bald verschwunden sein wird, teile ich nicht. Sie wird sich verändern und verändert sich bereits, das schon. Aber sie wird nicht einfach so in den nächsten Jahrzehnten verdrängt werden, auch nicht vom Islam. Im Zuge der Flüchtlingswelle scheinen viele Menschen darüber besorgt zu sein. Aber diese Sorge ist aus zwei Gründen unnötig.

Die Menschen, die zu uns flüchten, haben vielleicht eine andere Kultur. Aber früher oder später werden sie Teil unseres liberalen Rechtsstaates. Sie lernen auch die Vorzüge einer funktionierenden Demokratie kennen, wie Frieden und Sicherheit. Nur ein kleiner Teil der Flüchtlinge sind fundamentalistische Religionsanhänger. In einem Staat wie Österreich, in dem Religion politisch keine große Rolle spielt, wird auch für die meisten Flüchtlinge Religion nach und nach an Bedeutung verlieren. Vielleicht noch nicht in der ersten Generation, aber vor allem junge Menschen, die hier geboren werden, lernen eine neue Lebensweise kennen. Auch für sie wird Religion, in diesem Fall der Islam, mehr und mehr zu einer Privatsache, allerdings gibt es eine Gegenbewegung in Form des »politischen Islams«.

Außerdem ist die römisch-katholische Kirche stark genug, sich gegenüber anderen Religionen zu behaupten. Wenn wir alle christlichen Konfessionen – also römisch-katholisch, evangelisch und orthodox – zusammenzählen, leben in Österreich offiziell mehr als 5 Millionen Christen. Dazu kommen noch viele Menschen, die zwar gläubig sind, aber aus der Kirche ausgetreten sind. Bei 8,8 Millionen Einwohnern ist das eine überwältigende Mehrheit. Die Religion spielt bestimmt keine so große Rolle mehr in unserem Leben wie noch vor fünfzig Jahren. Aber sie ist deswegen noch lange nicht bedeutungslos geworden.

Was mich viel eher beunruhigt, ist der Einfluss aus anderen Ländern, die Religion benutzen, um Politik zu betreiben. Davor dürfen wir nicht die Augen verschließen, sondern müssen wachsam bleiben. Wenn in Gotteshäusern oder kulturellen Zentren Glaube mit Politik vermischt wird und Inhalte verbreitet werden, die mit einem liberalen und demokratischen Rechtsstaat nicht übereinstimmen, müssen wir das verurteilen.

Vielleicht hat Religion an Einfluss verloren, doch die Sehnsucht nach Transzendenz ist immer noch groß. In unserer komplizierten Welt fühlen sich Menschen zunehmend überfordert. Sie suchen nach etwas, an das sie glauben können. Sie hoffen, zu erkennen, was richtig ist. Wie kann uns das in unserer modernen Gesellschaft gelingen?

WARUM WIR AN ETWAS GLAUBEN SOLLTEN

Die römisch-katholische Kirche kann heute nicht mehr den alleinigen Anspruch auf die Macht des Gewissens haben. Denn wenn wir in der Geschichte zurückblicken, sehen wir, dass sie oft selbst gewissenlos gehandelt hat: Kriege wurden in ihrem

Namen geführt, es gab Päpste, die sich wie Herrscher und Könige verhielten. Im Verzeichnis der päpstlichen Lehren finden sich manche Stellen, die einen denkenden Menschen vor ein Dilemma stellen müssen. Einige wurden durch spätere Aussagen revidiert. Heute sind es auch Missbrauchsfälle, die uns an der Integrität der Kirche zweifeln lassen.

Aber Glaube kann auch außerhalb einer religiösen Institution stattfinden. Wir brauchen keinen perfekt organisierten Glauben, der auf jede Lebenslage eine ausformulierte Antwort parat hat und uns mit Regeln und Gesetzen überschüttet.

Jeder von uns hat gewisse Normen und Prinzipien, die sich nicht täglich ändern, sondern manchmal ein ganzes Leben lang die gleichen bleiben. Es sind Werte, an die wir fest glauben. Sie ermöglichen es, dass wir geordnet zusammenleben. Fehlen solche gemeinsamen Normen und Prinzipien, geht alles in die Brüche. Dann würde jeder machen, was er will, und es würde Anarchie herrschen.

Jeder von uns hat ein Gefühl für richtig und falsch. Dieses Gefühl mag mit unserem Nachbarn nicht immer völlig übereinstimmen, aber wir haben zumindest ähnliche Vorstellungen. Das ist die Basis eines friedlichen Miteinanders. Wir teilen den Glauben daran, dass es etwas Richtiges gibt. Das ist etwas tief Spirituelles und ein menschliches Grundbedürfnis.

Ich bin durch Taufe zum katholischen Christen geworden, gefirmt und kirchlich verheiratet. Ich sehe mich der katholischen Kirche verbunden, aber bin auch – wie jeder Mensch – mit einem eigenständigen Gewissen ausgestattet. Heute bin ich teilpraktizierend (aber nicht nur zu Weihnachten) und ich sehe deutlich, dass es in den Evangelien Widersprüche gibt. Wie die aufzulösen sind, weiß der Himmel. Aber das stört mich auch nicht, denn ob ich nun jedes Wort des Evangeliums glaube oder nicht, hat gar nicht so viel mit meinem Glauben zu tun.

Für mich ist das Gewissen ein Gottesbeweis, weil jeder andere Versuch, es zu erklären, gescheitert ist. Unser Gewissen gibt uns ein ganz intuitives Gefühl dafür, was richtig ist. Das ist auch das Ziel jeder Religion: uns zu zeigen, was richtig ist. Während aber Religionen oft von menschlichen und weltlichen Interessen bestimmt werden, gehört das persönliche Gewissen uns selbst. Es kommt tief aus uns selbst und sagt uns, was richtig ist und was nicht. Ignorieren wir es, laufen wir Gefahr, von fremden Mächten bestimmt zu werden. Dann ist es entweder der Staat, der uns sagt, was erlaubt ist und was nicht, was gut ist und was schlecht. Oder wir folgen religiösen Überzeugungen, ohne sie zu hinterfragen.

Unser Gewissen ist das beste Korrektiv, das wir haben. Es kann uns darauf hinweisen, wenn Unrecht geschieht. Es kann uns zu schweren, aber richtigen Entscheidungen zwingen. Es kann uns dazu bringen, ein besseres Leben zu führen. Wir wissen alle, dass die schlimmsten Politiker die sind, die kein Gewissen haben. Das ist nicht einfach so dahingesagt. Ohne ihr Gewissen streng zu hinterfragen, können sie gar nicht wissen, was richtig ist. Und auch nicht danach handeln.

Unsere Freiheit hängt eng mit unserem Gewissen zusammen. Für einen autoritären Staat gibt es nichts Schöneres als Bürger ohne Gewissen, die blind dem folgen, was der Staat vorgibt. Deswegen ist unser Gewissen so wichtig, deswegen müssen wir es sorgfältig pflegen. Dabei leben wir in einer Zeit, in der wir zunehmend nach außen schauen und immer weniger nach innen hören.

Natürlich quält mich manchmal mein Gewissen. Es zieht sich durch alle Lebensbereiche vom Beruf bis in die höchstpersönliche Sphäre.

Ich kann Sie nur dazu auffordern, im täglichen Leben öfter darauf zu achten, was Ihr Gewissen Ihnen sagt. Wenn Sie eine Zeitung lesen, mit Ihren Bekannten über Politik sprechen oder eine Entscheidung in der Arbeit treffen müssen, ist es das Gewissen, das Ihnen sagt, ob es gut ist, was Sie da sehen und hören. Versuchen Sie, es nicht zu ignorieren, sondern Ihre Entscheidungen danach auszurichten.

Aber natürlich gibt es immer wieder Zweifel. Hier hat man es mit einem heiklen Thema zu tun. Es gibt Faktoren, die unsere Gewissensfreiheit beeinflussen. Die katholische Kirche kennt das irrende Gewissen und unterscheidet dabei zwischen »schuldhaft« und »schuldlos«. Friedrich Schiller hat dieses Thema im »Don Karlos« nicht ohne Polemik, aber treffend behandelt. Und der deutsche Philosoph Immanuel Kant hat ein »irrendes« Gewissen als ein Unding und als in sich widersprüchlich bezeichnet.

Übernehmen Sie Verantwortung, auch wenn gerade niemand hinsieht oder Ihnen keine Strafe droht. Gerade in der Corona-Pandemie sind es unser Verantwortungsgefühl und ein solidarisches Miteinander, die uns vor diesem Virus schützen werden.

Es ist diese Verantwortung, die den Rechtsstaat funktionieren lässt und unsere Freiheiten schützt.

Wenn wir eine bessere Welt schaffen wollen, braucht es nicht bloß gerechtere Institutionen, eine stärkere Demokratie und internationalen Zusammenhalt. Es braucht auch Mut, Vertrauen, Eigenverantwortung und die Stimme unseres persönlichen Gewissens.

EIN BLICK NACH VORNE

Dieses Buch trägt den Titel »Wo wir stehen«. Doch wir mussten auch einen Blick in die Vergangenheit werfen, um zu verstehen, wie unsere Gegenwart zu dem wurde, was sie heute ist. Der lange Konflikt zwischen Kirche und Staat, die vielen Revolutionen in Europa, die zwei Weltkriege, die Unterzeichnung des österreichischen Staatsvertrags und die Gründung der Europäischen Union sind alles Ereignisse, die unser heutiges Leben maßgeblich geprägt haben. Die Corona-Pandemie ist das jüngste dieser Ereignisse, eine Zäsur, die unser Leben nachhaltig verändern wird.

Ich bin heute 88 Jahre alt. Ich wurde geboren, bevor es die Zweite Republik Österreich, in der wir heute leben, überhaupt gab. Wenn mir heute jemand sagt, wir leben in einer chaotischen Zeit, dann bringt mich das zum Nachdenken. Es herrscht ganz bestimmt an vielen Orten dieser Welt Chaos, aber sicher nicht in Österreich. Natürlich, Corona hat viel verändert und die langfristigen Folgen der Pandemie sind auch heute noch nicht völlig abzusehen. Doch unsere Politik hat schnell reagiert und die erste Welle Anfang dieses Jahres gut abfangen können. Jetzt naht eine zweite Welle und wir werden sehen, wie viel man aus den Erfahrungen lernen konnte.

Dass Politiker aus ihren Fehlern lernen, dafür sorgen Institutionen wie der Verfassungsgerichts-

hof. Seine Entscheidungen, dass die Gesetzeslage
rund um die Ausgangsbeschränkungen nicht präzise genug formuliert worden war und dass es keine
Grundlage für weitreichende Ausgehverbote gab,
werden dabei helfen, bei einer zweiten Welle geord-
neter vorzugehen. Die Politik muss auf solche Entscheidungen Rücksicht nehmen, dann kann auch
mit einer erneuten Infektionswelle ähnlich gut umgegangen werden, wie dies zu Beginn der Pandemie
der Fall war.

Uns alle bringt die Corona-Pandemie in eine
noch nie dagewesene Situation. Aber ist sie Grund
genug, um das Vertrauen in die Politik zu verlieren
und Angst um unsere Zukunft zu haben?

Als Kind im Wien der Nachkriegszeit war die
Wahrscheinlichkeit groß, an Unterernährung zu
leiden, wenn man in der falschen Besatzungszone
lebte. Ein Kind bei den Amerikanern bekam genug
zu essen, aber schon ein paar Ecken weiter, unter
russischer Besatzung, konnte dasselbe Kind unter
Mangelerscheinungen leiden.

Unser Land hatte damals gerade erst eine un-
rühmliche Rolle in einem schrecklichen Krieg gespielt und war unter den vier Siegermächten aufge-
teilt worden. Menschen, die das sowjetische Regime
kritisierten, sind von der Straße weg verschwunden.
Wir wussten damals nicht, ob unsere Zukunft eine
liberale Demokratie sein würde, eine autoritäre Diktatur oder irgendetwas dazwischen.

Aber aus meiner persönlichen Perspektive kann ich sagen, dass alle meine Freunde und ich ganz und gar positiv eingestellt waren. Wir hatten das Schlimmste hinter uns und sahen einer neuen Zeit entgegen, die wir mitgestalten wollten. Dieser Optimismus, dieses Grundvertrauen, kann uns auch heute Hoffnung geben.

Denn wenn ich zurückblicke, dann sehe ich, dass wir es weit gebracht haben. Trotz gelegentlicher Ausfälle funktioniert die Demokratie in Österreich. Wir genießen als österreichische Staatsbürgerinnen und Staatsbürger eine Vielzahl von Rechten und eine Freiheit, wie sie in vielen Ländern der Welt leider noch immer unvorstellbar ist. Wir können studieren und arbeiten, was wir wollen. Solange wir keine schlimmen Unwahrheiten verbreiten oder Beleidigungen von uns geben, können wir sagen und denken, was wir möchten, ohne Angst haben zu müssen, eingesperrt zu werden.

Unser Rechtssystem, ausgehend von unserer Verfassung, gewährleistet uns Schutz vor Unrecht. Natürlich ist es nicht perfekt. Ab und an versagt es, und dann müssen wir versuchen, diese Fehler zu reparieren und es beim nächsten Mal besser zu machen. Aber das alles ändert nichts daran, dass wir heute in einem wundervollen Land leben dürfen.

Die Ausgangsposition, die wir heute haben, ist erheblich besser, als sie in meiner Jugend war. Corona mag uns wirtschaftlich zurückwerfen, aber es wird nichts an der guten Infrastruktur ändern, die wir besitzen. Unsere Demokratie, unsere politischen Institutionen, unser gesellschaftliches Miteinander werden diese Krise überstehen – und vielleicht sogar gestärkt daraus hervorgehen.

Es mag ein paar geben, die gerne für Chaos sorgen, nur um dann sagen zu können: »Pfui, hier herrscht Chaos.« Aber wir dürfen uns von solchen Leuten nicht verunsichern lassen. Wir haben heute alle Voraussetzungen, um auch in Zukunft ein gutes Leben führen zu können. Vielleicht sogar ein noch besseres.

Dafür ist es wichtig, dass wir unsere Demokratie um jeden Preis verteidigen und sie nicht denjenigen überlassen, die sie von innen heraus zerstören und für ihre Zwecke einsetzen wollen. Wir müssen lernen, Meinungen anderer zu akzeptieren, aber auch eine klare Trennlinie zu ziehen, wenn Populisten und andere Demagogen den Rechtsstaat beschädigen und die Demokratie unterwandern wollen.

Wir müssen an der Europäischen Union festhalten. Trotz ihrer Fehler ist sie ein Garant des Friedens und des Miteinander. Wir dürfen sie nicht für selbstverständlich nehmen. Sonst werden wir eines Tages aufwachen und sie wird fort sein. Und erst dann werden wir merken, was wir an ihr hatten.

Wenn wir die großen Probleme der Zukunft, die eigentlich bereits da sind, erfolgreich lösen wollen, müssen wir noch einen Schritt weiter gehen: Wir müssen global denken und den alten Nationalismus überwinden. Wir sind schon lange über den Punkt hinaus, an dem jeder Staat seine eigene Suppe kochen kann. Wer sich vom Rest der Welt isolieren will, wie die USA unter Donald Trump, der wird verlieren.

Wir brauchen den Mut zu neuen Utopien, mit denen sich die Menschen gemeinsam den Herausforderungen unserer Zeit stellen können.

Wir müssen auch wieder lernen, unserem System und unseren Politikern zu vertrauen. Es wird immer Menschen geben, die versuchen werden, das System und ihre Macht für sich auszunutzen. Durch einseitige mediale Berichterstattung mag es so wirken, als wären diese Leute in der Mehrzahl. Doch nach vielen Jahren im Verfassungsdienst kann ich Ihnen versichern, dass unser System stark genug ist, um mit solchen Einzelpersonen fertigzuwerden.

Bereits in der Vergangenheit hat sich gezeigt, dass unser Staat gegen solche Angriffe gewappnet ist. Die Mehrzahl der Politikerinnen und Politiker sind sehr kluge Leute, die gewissenhaft und ohne großes Aufsehen ihrer Arbeit nachgehen. Haben wir Vertrauen in sie.

Vor allem aber dürfen wir nicht in Resignation und Gleichgültigkeit verfallen. Es gibt absolut keinen Grund dazu.

Als Bürgerinnen und Bürger sind wir in der Verantwortung, uns mit Österreich und seiner Politik auseinanderzusetzen. Wir sollten sie kritisch hinterfragen und uns nicht blind auf die Versprechungen anderer verlassen. Um zu wissen, was richtig und was falsch ist, müssen wir in uns hören und unser Gewissen befragen. Besonders in unserer modernen Gesellschaft, in der wir ständig Einflüssen von außen ausgesetzt sind, müssen wir lernen, unserer inneren Stimme zu vertrauen.

Auch wenn Religion an Bedeutung verloren hat, brauchen wir Transzendenz, die uns Sicherheit und Orientierung gibt. Wir sollten vorsichtig Menschen gegenüber sein, die sich darüber lustig machen oder sie ganz aus der Welt schaffen wollen.

Österreich ist schön, und wert, dass wir darum kämpfen. Wenn junge Menschen heute um ihre Zukunft fürchten, dann zeigt ein Blick in die Vergangenheit, dass wir einen unglaublich langen Weg gegangen sind. Es gab immer wieder Rückschläge und Niederlagen. Aber wenn wir uns heute umschauen, gibt es keinen Grund zum Jammern, dieser urösterreichischen Eigenschaft.

Mit Mut, Hoffnung und Engagement werden wir unser Leben in den nächsten Jahren noch besser machen. Und wir werden dann mit Zufriedenheit dorthin zurückblicken, wo wir heute stehen.